ALMANAQUE
ALTO ASTRAL
2020

Previsões Astrológicas • Numerologia
Combinações dos Signos • Tarô • Luas
Horóscopo Chinês • Anjos • Runas • Orixás

alto astral

ALMANAQUE ALTO ASTRAL - ANO 3 - 2020 – ISBN 978-85-344-0021-3

EDITORA-CHEFE Tais Castilho
EDITORA Lirian Pádua **REDAÇÃO** Liliane Encarnação e Paulinha Alves
DESIGN Ângela Soares, Lucas Oliveira e Renan Oliveira **ESTAGIÁRIOS** Giovanne Ramos, Nathália Sousa (redação), Amanda Trevisan e Júlia Hassem (arte) **IMPRESSÃO** CIPOLA Gráfica
CAPA/PRODUÇÃO GRÁFICA Renan Oliveira **IMAGENS** Triff/SHUTTERSTOCK IMAGES, Tmicons, Amanita Silvicora, Dr Project, Olli_May, Natalima, Nadezhda Shuparskaia, Delcarmat, Moibalkon, Misao Noya, Liliiakyrylenko, Delcarmat, Danler, Valenty, Sudowoodo, Gabrieljose, Daniela Barreto, Magic Pictures, Fribus Mara, Filkusto, Elenvd, Agsandrew, Whitemocca e Painterr/Shutterstock Images
FOTOS CONSULTORES João Rosa: Fabio Cres/Divulgação; Jacqueline Cordeiro: Érica Olbera/Divulgação; Pai Paulo de Oxalá: Acervo pessoal; André Mantovanni: Leandro Teixeira/Divulgação; Márcia Ledur: Arquivo pessoal; Vitória Fernandes: Acervo Editora Alto Astral; João Bidu: Olício Pelosi/Colaborador

Fica proibida a reprodução parcial ou total de qualquer texto ou imagem deste produto sem autorização prévia dos responsáveis pela publicação.

ESTA É UMA PUBLICAÇÃO DA

alto astral
editora

©2019 EDITORA ALTO ASTRAL LTDA. TODOS OS DIREITOS RESERVADOS

CONSELHO João Carlos de Almeida e Pedro José Chiquito

DIREÇÃO Silvino Brasolotto Junior

COMERCIAL Marcelo Pelegia **EDITORIAL** Mara De Santi **MARKETING** Flaviana Castro

ENDEREÇOS
BAURU Rua Gustavo Maciel, 19-26, CEP 17012-110, Bauru, SP. Caixa Postal 471, CEP 17015-970, Bauru, SP. Fone (14) 3235-3878, Fax (14) 3235-3879
SÃO PAULO Alameda Vicente Pinzon, Nº 173, 4º Andar, CEP 04547-130, Vila Olímpia, São Paulo, SP.

ATENDIMENTO AO LEITOR ✆ (14) 3235-3885 De segunda à sexta, das 8h às 18h
atendimento@astral.com.br Caixa Postal 471, CEP 17015-970, Bauru, SP

LOJA astralshopping.com.br

Dados Internacionais de Catalogação na Publicação (CIP)
Angélica Ilacqua CRB-8/7057

A443	Almanaque Alto Astral 2020 : previsões, numerologia, tarô, signos, luas, anjos, combinações, runas, orixás e horóscopo chinês / [coordenação de Tais Castilho ; organização de Lirian Pádua]. -- Bauru, SP : Editora Alto Astral, 2019.
	192 p.
	ISBN: 978-85-344-0021-3
	1. Horóscopo 2. Astrologia 3. Zodíaco I. Castilho, Tais II. Pádua, Lirian
19-2075	CDD 133.52

Índices para catálogo sistemático:

1. Horóscopo 133.52

UM ALMANAQUE COMPLETO

O interesse pelo que acontece no céu e como os astros influenciam a nossa vida é bem antigo, mas continua muito presente no imaginário de praticamente todo mundo. É bastante comum as pessoas consultarem o Horóscopo para tentar descobrir o que irá acontecer no seu dia, na semana, no mês ou no próximo ano. E é exatamente esse um dos pontos mais instigantes e interessantes da Astrologia: as previsões, ou o famoso Horóscopo.

A cada ano que passa cresce a curiosidade das pessoas sobre o seu futuro e o que poderá acontecer em suas vidas, e quem responde todas essas dúvidas são os planetas, as divindades, os anjos, as cartas e até os números. Assim, as previsões astrológicas e das ciências místicas podem ser utilizadas por cada um de nós como uma importante ferramenta para compreender melhor a nós mesmos e ao outro, desvendar os mistérios das forças do universo e saber como influenciarão o nosso cotidiano.

Nas próximas páginas, você contará com as minhas previsões anuais e mensais para todos os signos. E, de quebra, confere as previsões dos consultores que convidei para me ajudar nessa missão especial de trazer todas as tendências para o ano de 2020: as previsões diárias da minha colega astróloga Vitória Fernandes, o Horóscopo Chinês de Giancarlo Kind Schmid, a Numerologia de André Mantovanni, o Tarô do meu xará João Rosa, as mensagens dos Anjos de Márcia Ledur, as revelações dos Orixás do Pai Paulo de Oxalá, as leituras das Runas e a tabela mágica feitas por Jacqueline Cordeiro.

Diante de todas essas informações, me arrisco a dizer que você tem em mãos o mais completo almanaque de 2020 e dará um importante passo rumo a novas descobertas para ter um ano sensacional, valeu?

SUMÁRIO

O ano do Sol 7

O Sol irá brilhar para o Brasil? 9

A personalidade dos signos 10

As influências do Sol nos signos 12

Os elementos dos signos 14

Horóscopo anual 2020 15

Planetas regentes 40

O signo que transforma sua vida 42

Movimentos planetários em 2020 44

Horóscopo mensal 2020 49

Panorama de 2020:
A entrada do Sol nos signos – As estações do ano
Eclipses – A Lua em 2020 – Calendário 2020 74

Entrada da Lua nos signos em 2020 81

Lua fora de curso 84

Horóscopo diário 87

Combinações 2020 119

Os significados dos sonhos mais comuns 132

Horóscopo Chinês 2020 133

Patuá dos signos no ano do Sol 142

Numerologia de 2020 144

Rituais para 2020 152

Tarô 2020 153

A letra inicial do nome 166

Recados dos Anjos para 2020 168

Previsões das Runas 173

Elementos de sorte para cada signo em 2020 178

A criança de cada signo 183

Previsões dos Orixás 184

Uma prévia de 2021 191

Consultores 193

O ANO DO SOL

O regente de 2020 é o Sol, uma das forças mais importantes da Astrologia. Ele marca a abertura do ano astrológico, que acontece por volta do dia 21 de março (em 2020, o ano astrológico iniciará em 20 de março), ao ingressar no grau inicial do Zodíaco, que é ao zero grau de Áries. Assim, determina também o começo do equinócio de Outono no Hemisfério Sul e o equinócio de Primavera no Hemisfério Norte, momento em que o dia e a noite têm a mesma duração.

Fonte do ser e da vida, o astro-rei dá uma volta completa no Zodíaco ao longo de um ano, permanecendo cerca de 30 dias em cada signo. Dessa forma, a posição que o Sol ocupa no momento do nascimento de uma pessoa determina o signo dela. Governante do signo de Leão e do paraíso astral, que é o setor mais favorável do Horóscopo, o Sol tem relação com sorte, talentos, paixões, conquistas, atração, filhos, divertimentos, jogos, prazeres e sucesso.

AS PROMESSAS DO ASTRO-REI

Em 2020, o Sol emprestará seu brilho e energia para que todos renovem suas esperanças, lutem por seus sonhos, transformem os desafios em oportunidades de crescimento e busquem um ano melhor. E se depender do astro-rei, não faltarão garra, motivação, atitude, determinação, ânimo, confiança, ousadia, autoestima e força de vontade.

Como reside na 5ª Casa Astral, que tem associação com a sorte, o Sol beneficiará jogos, sorteios, apostas, rifas e loterias. Na vida profissional, enviará poderosas energias para quem estiver em cargo de chefia, gerência ou liderança. Também beneficiará as atividades artísticas, os famosos, a beleza e o cuidado com o corpo, eventos, festas, comércio de roupas, esportes competitivos, academias, imóveis, setor automobilístico, escolas, cinemas, teatros, bolsa de valores e especulações financeiras.

O amor será prioridade em 2020 e, com o Sol evidenciando o lado sedutor, amável e conquistador, a atração física desencadeará muita paquera, rolos e ficadas. Porém, a maioria desses envolvimentos amorosos pode não durar muito tempo. Em contrapartida, casais que estiverem em um relacionamento firme deverão aproveitar um ano delicioso e quente. Já quem vive em pé de guerra com a pessoa amada talvez busque em outra companhia o que não acha na relação oficial. O ano será decisivo para os romances mornos e desgastados - a expressão "ou vai ou racha" resumirá o período.

Doador da luz, o astro-rei estimulará a vaidade, inflando egos e incitando a vontade de estar no centro das atenções. Não só o sucesso, mas o desejo de alcançar também o prestígio e uma boa aparência estarão entre as preocupações em 2020. Dessa forma, a prática de atividades físicas ficará em alta.

DESAFIOS

O desejo de se divertir crescerá, mas será bom dar atenção à saúde. Extravagâncias, exposição excessiva aos raios solares, exageros com bebidas alcoólicas, festas e comidas devem ser evitados. Também será importante ficar de olho na circulação sanguínea, coluna e no coração.

Embora o Sol traga muitas qualidades à tona, chegar ao sucesso e à felicidade em 2020 dependerá do comprometimento de cada pessoa com seus objetivos e como cada uma lidará com os obstáculos que surgirem. É que, quando entra em desarmonia com outros planetas, e isso ocorrerá com frequência, o astro-rei pode fomentar atitudes negativas, como o orgulho, intolerância, autoritarismo, arrogância e vingança.

ELEMENTOS DO SOL	
Animais	leão, águia e falcão
Cores	amarelo, dourado e laranja
Dia da semana	domingo
Elemento	Fogo
Flores	girassol e flor-do-campo
Frutas	abacaxi, banana e melão
Incensos	alfazema, violeta e sândalo
Metal	ouro
Números	1 e 3
Palavra-chave	vitalidade
Pedras/cristais	cristal, cornalina e coral
Perfumes	florais sensuais e frutais marcantes
Regente	signo de Leão
Sabores	agridoces
Talismãs	figa e imagens de sol

O SOL IRÁ BRILHAR PARA O BRASIL?

O regente de 2020 não será tão generoso para o Brasil, já que ocupará a 12ª Casa Astral, que representa o inferno astral – o Sol é regente de Leão, que é o inferno astral de Virgem, signo do país. Escândalos envolvendo políticos, famosos, policiais e o Judiciário continuarão presentes e, se as autoridades não controlarem o orgulho e vaidade, características negativas de Leão, o país poderá protagonizar conflitos internos e internacionais.

Grandes empresas ligadas à moda, cosméticos, beleza, festas e entretenimento tendem a ter prejuízos ou graves acidentes, sobretudo com fogo. Sites e revistas de fofocas terão um farto material, pois há maior risco de traições e separações envolvendo famosos. Na saúde, será preciso cautela com doenças cardíacas, cuja incidência cresce com o Sol na 12ª Casa Astral.

A ENERGIA POSITIVA DO SOL

Os brasileiros contarão com sorte em jogos, sorteios e em momentos decisivos de sua vida. Por sua vez, empreendimentos menos conhecidos poderão apresentar enorme crescimento. A indústria de energia solar e os setores ligados à eletrônica, estradas de ferro, eletricidade e novas profissões tendem a viver um ano espetacular. Mas será o campo ligado a tecnologia que revolucionará a economia e influenciará os hábitos da população.

JÚPITER: UM PODEROSO ALIADO

Júpiter ficará em Capricórnio, que representa a 5ª Casa Astral, chamada de paraíso astral, do Brasil. Isso indica que o planeta da sorte e prosperidade ajudará a melhorar a imagem do país no exterior e acordos comerciais deverão trazer mudanças positivas para a economia. Como Júpiter possui a força da expansão e Capricórnio é o signo do trabalho, tudo indica que haverá melhora no nível de emprego, porém favorecerá mais os adultos do que os jovens. Outro setor que deve crescer será o turismo, já que o fluxo de estrangeiros no país poderá aumentar consideravelmente.

A PERSONALIDADE DOS SIGNOS

Áries – Nascidos entre 21/3 e 20/4: seu símbolo é o carneiro, que é feroz e vai para cima do seu alvo. Ele representa a coragem e ousadia com que leva sua vida, sem temer os desafios. Áries também é independente, competitivo, ágil e impaciente. Tudo isso faz do seu signo um dos mais impetuosos do Zodíaco.

Touro – Nascidos entre 21/4 e 20/5: o próprio touro é o símbolo do seu signo. Assim como o animal, ele analisa o terreno antes de partir para o ataque. É determinado, prático e gosta de viver com segurança e conforto. E por se apegar às pessoas e suas coisas, é tido como o mais possessivo do Zodíaco e resistente às mudanças.

Gêmeos – Nascidos entre 21/5 e 20/6: seu símbolo são dois irmãos gêmeos, que representam a versatilidade e percepção para captar as coisas. É engenhoso, curioso e tem raciocínio rápido. Faz vários planos, mas nem sempre os coloca em prática, pois logo muda de ideia. Seu temperamento volátil também é comum.

Câncer – Nascidos entre 21/6 e 21/7: assim como o caranguejo, que anda para trás, Câncer é nostálgico e adora reviver o passado. Além disso, tem mania de se prender às suas raízes, hábitos e pessoas com quem convive. Emocional, sensível e intuitivo, seu sentimento vem em primeiro lugar e a família é o seu porto seguro.

Leão – Nascidos entre 22/7 e 22/8: nada mais adequado do que o rei da selva ser o seu símbolo. Do mesmo modo que o leão, seu signo age como um rei em suas relações, assumindo a liderança e o comando de tudo, seja na vida amorosa, pessoal ou profissional. É confiante, tem personalidade forte e gosta de ganhar reconhecimento.

Virgem – Nascidos entre 23/8 e 22/9: a mulher símbolo do seu signo é chamada de virgem porque está associada à ideia de pureza, no sentido de conservar tudo como está. Virgem é crítico, metódico, organizado e precavido, analisa friamente as situações antes tomar uma atitude. Seu estímulo é colocar ordem.

Libra – Nascidos entre 23/9 e 22/10: seu símbolo é a balança, evidência que valoriza o equilíbrio e justiça. Avalia os prós e contras de tudo, o que lhe dá o título de indeciso. Sociável, cordial e tranquilo, preza pela convivência harmônica com todos.

Escorpião – Nascidos entre 23/10 e 21/11: o próprio escorpião é o seu símbolo. Ele representa o lado agressivo do seu signo, que fala o que pensa sem medo de machucar, como um veneno. Vive tudo com entrega total, ama ou odeia na mesma intensidade e tem uma forte intuição. É o signo mais misterioso do Zodíaco.

Sagitário – Nascidos entre 22/11 e 21/12: a seta, símbolo do seu signo, reflete o fascínio de Sagitário pelo desconhecido e a vontade de se aventurar e ser livre. Adora sair em busca de seus sonhos, ousa e se arrisca, sem medo de errar, quer saborear todos os momentos da vida e enriquecer sua alma. É sincero, confiante e otimista.

Capricórnio – Nascidos entre 22/12 e 20/1: seu símbolo é a cabra e seu signo tem um jeito parecido: é quieto, cauteloso, observa tudo antes de dar um passo e não tem pressa para chegar aonde quer. É realista, persistente e responsável.

Aquário – Nascidos entre 21/1 e 19/2: duas ondas representam seu signo e traduzem a essência de Aquário: imprevisível, livre e sempre em movimento. Embora seja sociável e bom de papo, valoriza a independência e suas opiniões até o fim.

Peixes – Nascidos entre 20/2 e 20/3: seu símbolo é o próprio peixe e, assim como ele, você nada de acordo com a maré, adaptando-se a cada circunstância. É sonhador, imaginativo, emotivo e intuitivo., além de ser o signo que ama incondicionalmente.

AS INFLUÊNCIAS DO SOL NOS SIGNOS

Em 2020, o Sol beneficiará todos os signos do Zodíaco e dará bastante força e incentivo para quem batalhar com vontade, determinação e confiança. Seja para conseguir uma vaga de emprego, vencer os desafios que surgirem, sair de uma crise ou melhorar a vida financeira, ter mais alegrias ou prosperar, enfim, o astro-rei será um poderoso aliado.

O Sol também destacará a criatividade, a confiança e o dinamismo de todos em 2020. Em outras palavras, será um ótimo ano para reconhecer os próprios talentos e fazer um bom uso dos seus dons, destacar-se e brilhar em tudo o que fizer. As amizades, os laços de afeto e os relacionamentos amorosos receberão energias generosas do astro-rei. Entretanto, nem tudo serão flores. Como o Sol será o comandante do ano, há risco de o astro ressaltar atitudes autoritárias, arrogantes e orgulhosas.

A seguir, veja o que a energia do Sol reserva para cada signo e prepare-se para o que der e vier.

Áries: a sorte acompanhará seu signo e vão surgir ótimas chances de ganhar dinheiro, mas precisará ter autocontrole para não gastar demais. 2020 será intenso no amor. Se estiver só, seu charme atrairá paqueras. Já a dois, aguarde muito prazer e diversão.

Touro: será importante segurar o ciúme na paixão. O Sol enviará poderosas energias e irá proteger o seu lar. Na profissão, você buscará estabilidade e irá batalhar para alcançar o sucesso. Terá surpresas com pessoas e assuntos ligados ao passado.

Gêmeos: as amizades estarão em evidência e a paquera vai rolar solta em 2020. Você esbanjará sedução, charme e poder de comunicação. Há chance de se destacar na carreira e melhorar a vida financeira se explorar suas boas ideias e inteligência.

Câncer: o Sol ajudará seu signo a crescer e conseguir o emprego que deseja. Tudo indica que ganhará mais e conquistará segurança material e emocional. Mas será preciso controlar a possessividade nos relacionamentos pessoais e na vida amorosa.

Leão: o Sol rege o seu signo e também o ano, ou seja, trará força em dobro para você. Em 2020, há grandes chances de conquistar fartura e sucesso. Na vida amorosa, vai brilhar e seduzir. Contará com muita sorte e carisma, só controle a vaidade.

Virgem: o regente de 2020 trará energias positivas para a sua vida. Aguarde sorte e mais dinheiro, além de muita alegria e paqueras no amor. Só tenha cuidado com pessoas que não conhece bem, romance proibido e coisas clandestinas.

Libra: seu jeito sociável, charmoso e simpático será destaque em 2020. Tudo indica que conhecerá muitas pessoas e poderá iniciar um relacionamento promissor. Deverá contar com o apoio dos amigos, pode ver seus planos vingarem e alcançar vitórias na profissão.

Escorpião: seu poder de sedução estará ainda maior e você poderá conquistar um amor que irá fazer seu coração muito feliz. No trabalho, o ano será decisivo para o seu crescimento. Sua liderança vai se destacar e você terá o reconhecimento dos chefes.

Sagitário: o astro-rei indica novidades e viagens, tudo o que o seu signo adora. Aguarde boas surpresas, mais sorte e boas energias ao longo do ano. Pessoas e assuntos que podem mudar sua vida devem surgir. No amor, o clima será quente e prazeroso.

Capricórnio: 2020 será um ano de transformações, reflexões e desafios. Mas o Sol promete sorte, alegrias e realizações para sua vida. Seu signo deve sair vitorioso de negociações e ao lidar com dinheiro. Na paixão, o sexo terá grande destaque.

Aquário: a concorrência será forte no mercado de trabalho, mas você terá sorte. Pode se dar bem com grana. Há chance de iniciar um projeto com alguém que tem interesses parecidos com os seus. No amor, será um bom ano para quem sonha em casar.

Peixes: seu signo estará ainda mais prestativo com as pessoas queridas, especialmente com seu amor. Um trabalho que traga realização pessoal e atenda aos seus desejos materiais deverá aparecer em 2020. Sua saúde estará firme e forte.

OS ELEMENTOS DOS SIGNOS

Os doze signos são divididos em quatro grupos e associados aos elementos da natureza que os regem. São eles: Fogo, Terra, Ar e Água. Os signos que pertencem a um determinado elemento compartilham temperamentos, comportamentos e semelhanças entre si, além de receberem as influências da força da natureza que os governam.

ELEMENTO FOGO – Áries, Leão e Sagitário

Os signos de Fogo são confiantes e proativos, porém impacientes. Sinceros e espontâneos, não escondem o que sentem ou pensam nem se preocupam em medir as palavras. Impulsivos, tomam decisões sem vacilar e encaram qualquer desafio. Seus relacionamentos são intensos.

ELEMENTO TERRA – Touro, Virgem e Capricórnio

Segurança é o maior desejo dos signos de Terra. Por isso, valorizam suas conquistas e possuem forte instinto de autopreservação. São práticos, realistas e agem com prudência. Batalham para ter estabilidade na vida, sobretudo nas finanças. No romance, demonstram fidelidade.

ELEMENTO AR – Gêmeos, Libra e Aquário

As principais características dos signos de Ar são a inconstância, a interação social e o poder de comunicação. Versáteis, gostam de fazer coisas diferentes e ficar bem informados. Adoram interagir com as pessoas, mas desejam ser livres. Na vida a dois, prezam a afinidade.

ELEMENTO ÁGUA – Câncer, Escorpião e Peixes

Os sentimentos comandam a vida dos signos de Água. Entregam-se de corpo e alma aos seus sonhos, esperanças e amores, porém, podem guardar mágoas. Têm uma imaginação fértil, com tendência à fantasia. A intuição é outro ponto forte. Cuidam e doam-se à pessoa amada.

HORÓSCOPO ANUAL 2020

Nas próximas páginas, você confere as previsões dos astros para cada signo em 2020. As informações se referem aos movimentos e aspectos que o Sol, regente do ano, e os outros planetas farão ao longo desse período e aos impactos que esses acontecimentos celestes terão sobre o seu ano. Você descobrirá também quais serão as influências dos astros mais rápidos, Lua, Mercúrio, Vênus e Marte, e dos planetas mais lentos, Júpiter, Saturno, Urano, Netuno e Plutão, em seu Horóscopo anual.

ÁRIES
De 21/3 a 20/4
Elemento: Fogo
Planeta regente: Marte

AMOR E SEXO

Como o Sol rege o ano e o seu paraíso astral, o seu poder de atração estará poderoso em 2020. O primeiro semestre concentrará as melhores oportunidades de envolvimento amoroso para quem estiver só, entretanto, o astro-rei não promete relacionamento duradouro. Já Vênus indica que os meses de fevereiro, abril, a primeira quinzena de maio, julho e novembro serão positivos para cantadas e declarações. Há chance de você iniciar um romance sério.

Os arianos comprometidos devem aguardar um ano mais prazeroso e cheio de afinidades com a pessoa amada. Além disso, novidades com relação a nascimento de bebê, filhos e crianças podem trazer realização. Os melhores períodos serão de 7 de fevereiro a 4 de março, abril, julho, setembro e novembro. Porém, entre 13 de janeiro e 6 de fevereiro, a confiança pode ficar estremecida devido a incertezas. Já em março, o ciúme deve crescer. Entre 15 de maio e 25 de junho, fofocas e intromissões de outras pessoas talvez causem atritos na relação.

O lado sedutor do seu signo estará ainda mais potente neste ano e você não terá dificuldade para atrair para sua cama quem despertar seus desejos. Entre 3 de janeiro e 11 de fevereiro, aventuras passageiras podem acender a libido ariana. Outro período quente acontecerá em abril e nas primeiras semanas de maio: uma amizade pode ficar mais íntima e virar uma paixão excitante. Só precisará ter cautela entre 13 de maio e 27 de junho, pois uma relação perigosa ou escondida tende a trazer mais dor de cabeça do que prazer.

CARREIRA E FINANÇAS

Júpiter, o planeta da sorte, fartura e expansão, ficará a maior parte do ano no ponto mais alto do seu Horóscopo e trará boas chances de progresso. Se quiser mudar de emprego, os primeiros meses serão os mais indicados para isso. Cursos, workshops, palestras e atividades que ajudem você a se aperfeiçoar poderão trazer resultados promissores. Saturno também trará novidades, principalmente de 22 de março a 30 de junho, quando estará em Aquário. Você poderá contar com o apoio de pessoas experientes ou que tenham uma posição importante, amigos e conhecidos mais velhos. Entretanto, da segunda semana de maio até setembro, Júpiter e Saturno estarão retrógrados, e nem tudo poderá caminhar como espera. Nesse período, será primordial ter mais paciência e pensar bem antes tomar decisões.

Na vida financeira, o Sol destacará a sua sorte e você poderá faturar um dinheiro em apostas, jogos e sorteios. Já Vênus, que comanda a sua Casa do Dinheiro, fará um movimento incomum em 2020. O planeta permanecerá de 3 de abril a 6 de agosto em Gêmeos, estimulando seu poder de comunicação e tino comercial. Serviços ou produtos relacionados a atendimento ao público, publicidade, contratos, acordos, marketing, transportes, aulas, encomendas, vendas pela internet, escritas, atividades terceirizadas e viagens trarão maior rentabilidade. Todavia, entre 14 de maio e 25 de junho, os arianos precisarão controlar os gastos. Urano incentivará a criatividade do seu signo para incrementar a renda, sobretudo no primeiro semestre.

FAMÍLIA E SAÚDE

Você poderá contar com o suporte dos seus entes queridos para recarregar suas energias, aumentar sua fé e ter mais autoconfiança ao longo do ano. Os meses de maio, junho e julho serão os mais agitados e alegres, porém, até o início de junho, talvez precise lidar com uma situação desgastante provocada por algum fato antigo. O lado bom é que isso ajudará você a crescer, a descobrir com quem pode contar e fortalecerá os vínculos familiares.

O Sol vai reservar pique e bem-estar. Já Mercúrio, que rege sua 6ª Casa, reforçará sua vitalidade física e mental em janeiro. Mas, em fevereiro e entre 16 de março e 10 de abril, sua resistência pode cair e talvez fique vulnerável emocionalmente. A partir de 11 de abril, seu organismo estará protegido e sua energia voltará com força total. No segundo semestre, Marte aumentará seu vigor.

TOURO

De 21/4 a 20/5
Elemento: Terra
Planeta regente: Vênus

AMOR E SEXO

O desejo de encontrar um amor e iniciar um relacionamento sério virá à tona neste ano. Além disso, você terá grandes chances de rever ou conhecer alguém especial, principalmente nos primeiros meses. Mas a possessividade taurina, que já é enorme, estará ainda mais forte em 2020, sendo pior no período de 3 de abril a 6 de agosto. Embora conte com charme, será melhor maneirar nas exigências e cobranças para não azedar a conquista. Entre 14 de maio e 25 de junho, evite imposições ou cenas de ciúme.

Na vida a dois, o Sol estimulará seu empenho para construir o ninho de amor. Assuntos domésticos, moradia e interesses materiais estarão em alta, mas talvez precise lidar com questões antigas ou mágoas não curadas. Em compensação, Plutão lhe dará força para superar os perrengues e renovar o astral a dois. Até o final de abril, o planeta trará boas novidades: pode mudar de residência, bairro ou cidade com o par. No primeiro semestre, Plutão unirá forças com Saturno e Júpiter: esses astros protegerão sua relação e reforçarão o clima de envolvimento.

A realização na cama dependerá da cumplicidade, e quanto mais sintonia e intimidade com a pessoa amada, maior será o prazer. Júpiter, que permanecerá em Capricórnio até dezembro, acentuará sua necessidade de segurança e estabilidade. Mas, a partir de 28 de junho, Marte ingressará em seu inferno astral e você precisará ter cautela. Há risco de se envolver em situações complicadas, como um caso escondido, escapadinha e gravidez não planejada.

CARREIRA E FINANÇAS

O Sol convida os taurinos a valorizarem as experiências que puderem ter em 2020, pois toda espécie de aprendizado poderá estimular seu signo a crescer na profissão e realizar sonhos. Além disso, pessoas do seu convívio, sobretudo parentes e amigos antigos, poderão lhe dar apoio. Urano, que está no signo de Touro desde 2019, incentivará mudanças, principalmente no primeiro semestre. Mas é Saturno, que vai circular no ponto mais alto do seu Horóscopo de 22 de março até 30 de junho, o que sinaliza novos rumos na sua vida profissional, inclusive chances de conseguir um emprego através de estudos, viagens, mudança de cidade, assuntos e pessoas de longe. Porém, o período mais tenso na carreira será entre maio e setembro. Nessa fase, pense bem antes de trocar o certo pelo duvidoso.

Até a primeira quinzena de fevereiro, Mercúrio estimulará suas conquistas materiais e dará criatividade para incrementar o orçamento. Assim, vitórias no emprego e projetos com pessoas de sua confiança poderão aumentar sua renda. Mas atenção entre 17 de fevereiro a 10 de março, pois seu signo não estará tão controlado e há risco de gastar demais. Agora, de 3 de abril a 6 de agosto, Vênus circulará em sua Casa da Fortuna e deixará seus talentos em evidência. Será uma ótima fase para ganhar mais dinheiro. Entre 14 de maio e 25 de junho, precisará voltar a ter atenção com as contas. Despesas imprevistas, inclusive com saúde, poderão comprometer a estabilidade financeira. Agosto, setembro e outubro serão os melhores meses para encher o bolso.

FAMÍLIA E SAÚDE

Embora fortaleça os laços familiares, o Sol enviará diferentes vibrações ao longo de 2020. Em janeiro, há sinal de viagens, passeios e surpresas. Em fevereiro, o trabalho exigirá atenção e o tempo de convivência com os parentes deve diminuir. O clima melhora entre 19 de fevereiro e 19 de março, com festas, encontros e atividades no lar. Em abril, precisará ter paciência e prudência. Já a partir de maio, convívio protegido com a família.

Na maior parte do ano, o astro-rei favorecerá seu corpo e mente. Mas, em abril, junho, agosto, outubro e dezembro, seu organismo pode ficar vulnerável. Já Vênus, regente do seu signo e de sua 6ª Casa, promete muita disposição. Só de 3 de abril a 6 de agosto, o planeta pedirá mais disciplina com as refeições e o descanso. Há risco de ter problema e gastos com a saúde entre 15 de maio e 25 de junho, quando Vênus estará retrógrado.

GÊMEOS
De 21/5 a 20/6
Elemento: Ar
Planeta regente: Mercúrio

AMOR E SEXO

Seu lado comunicativo estará mais forte em 2020 e você terá lábia para envolver quem desejar. Um dos melhores períodos acontecerá entre 3 de abril e 6 de agosto, quando Vênus caminhará pelo seu signo e deixará seu poder de sedução irresistível. E como rege seu paraíso astral, o planeta do amor realçará suas qualidades e garantirá sucesso em suas investidas. Mas, de 15 de maio a 25 de junho, Vênus estará retrógrado e você deverá ir com calma na conquista, pois contratempos podem atrapalhar seus planos.

Júpiter ficará praticamente todo o ano na sua 8ª Casa Astral, setor complicado do seu Horóscopo, e você poderá enfrentar conflitos no romance. As relações mais frágeis estarão em perigo, inclusive de acabarem. Mas o Sol dará apoio e, com sinceridade e uma boa conversa, será possível vencer as dificuldades. Entre 15 de maio e 12 de setembro, problema financeiro, sexual ou briga talvez estremeça a união. Mas, na maior parte de 2020, Júpiter formará aspecto positivo com Netuno, o que ajudará a aliviar a tensão e trazer paz.

Graças a uma forte concentração planetária na sua Casa do Sexo, a intimidade deve ferver. Júpiter, Saturno e Plutão deixarão seu pique e erotismo acesos. Principalmente nos quatro primeiros e últimos meses do ano, aguarde transas excitantes. A fase tensa ocorrerá entre maio e setembro, pois preocupações com trabalho e dinheiro, rotina e discussões com a pessoa amada podem esfriar o desejo. E quem não estiver em uma relação, deverá ter cautela nesse período para não se frustrar.

CARREIRA E FINANÇAS

Sol e Netuno incentivarão você a usar a versatilidade, criatividade e comunicação do seu signo para se destacar na profissão. Também avisam que será importante investir em cursos, treinamentos e tudo o que enriqueça seu conhecimento para garantir crescimento e independência. Se estiver sem ocupação, a dica será acionar seus contatos e agir, pois conhecidos devem ajudar você a conseguir serviço. Mercúrio, regente do seu signo, que ficará no ponto mais alto do seu Horóscopo de 3 de fevereiro a 10 de abril, sinaliza que terá oportunidades, apoio de pessoas importantes e reconhecimento dos superiores. Plutão pedirá mais firmeza em algumas fases, como entre maio e setembro. Já Marte dará a maior força para alcançar o sucesso entre 13 de maio e 27 de junho.

Gêmeos tem dom para convencer e seu tino comercial estará em alta no ano do Sol. Em 2020, deve ganhar dinheiro com atividades ligadas a trocas, compras, vendas, encomendas, entregas, divulgação, serviços terceirizados, atendimento ao público, mídias, internet, transportes, escolas e cursos. Mas Júpiter, Saturno e Plutão sinalizam altos e baixos nas finanças. O momento mais complicado acontecerá entre maio e setembro, quando esses planetas estarão retrógrados: haverá risco de atrasos, problemas, erros e reviravoltas em questões que envolvam dinheiro. Em compensação, os três astros fortalecerão seu lado batalhador, perseverante e capacidade de superação. Ou seja, poderá transformar situações aparentemente ruins em fontes de ganhos.

FAMÍLIA E SAÚDE

2020 promete ser bastante agitado no seu lar. Vênus destacará a simpatia e o charme do seu signo entre abril e o início de agosto, período positivo nos relacionamentos pessoais. Além de ouvirem suas opiniões, os parentes disputarão sua companhia. Vizinhos e colegas, bem como assuntos relacionados a estudos, viagens e atividades comerciais, devem influenciar o convívio familiar. Em março, junho, julho e outubro, quando Mercúrio estiver retrógrado, será bom ter cautela e jogo de cintura com os parentes.

Plutão é quem mais influencia sua saúde e, embora estimule sua capacidade de recuperação, indica desafios. Sobretudo entre 26 de abril e 4 de outubro, atenção às vias respiratórias, braços, mãos, glândulas e órgãos sexuais. Mas, como o ano é do Sol, o astro-rei incentivará seu signo a ter mais qualidade de vida, praticar exercícios físicos e cuidar da alimentação.

CÂNCER
De 21/6 a 21/7
Elemento: Água
Planeta regente: Lua

AMOR E SEXO

Mais do que em outros anos, será enorme o desejo canceriano de embarcar em um romance em 2020. Nos primeiros meses, os astros destacarão seus encantos e você terá boas chances de se dar bem, ainda mais entre 12 de fevereiro e 29 de março. Mas há indício de imprevistos de 26 de abril a 4 de outubro: rivais podem atrapalhar e as diferenças tendem a causar brigas com quem gosta. Por outro lado, entre 28 de maio e 4 de agosto, aproximar-se do alvo, investir em uma boa conversa e até se declarar devem render conquista.

Quem já vive um romance estará mais carinhoso, dedicado e amoroso. Só que, sob a regência do Sol, a possessividade e ciúme do seu signo tendem a crescer, o que pode gerar atritos e deixar a relação em risco. Mas Júpiter, Saturno e Plutão passarão praticamente o ano todo em sua 7ª Casa Astral e trarão influências positivas. Mudanças no trabalho e gravidez ajudarão a melhorar o convívio. Atenção apenas entre maio e setembro, quando os três planetas estarão retrógrados, indicando risco de intromissões, incertezas e brigas.

Nos primeiros meses, você esbanjará pique na intimidade e terá muito prazer. Porém, de 22 de março a 30 de junho, Saturno caminhará pela sua 8ª Casa e deve bagunçar sua energia, diminuindo sua espontaneidade e deixando seu jeito inibido. Se estiver em um relacionamento, poderá se sentir mais à vontade. Mas, caso inicie uma relação nessa fase, talvez precise se esforçar para não reprimir seus desejos. Em compensação, entre abril e a primeira quinzena de maio, Marte aumentará o fogo canceriano.

CARREIRA E FINANÇAS

O Sol incentivará seu signo a buscar mais estabilidade, ganhos e sucesso. Como Júpiter estará praticamente o ano todo em sua 7ª Casa, oportunidades devem surgir. Nos primeiros ou nos últimos meses, um acontecimento que talvez nem dê importância pode lhe abrir portas. O planeta da sorte destacará sua habilidade para se relacionar com colegas, chefes, clientes e colaboradores, além de incentivar seu signo a ajudar, somar forças e vencer possíveis diferenças no emprego. Inclusive, poderá colher bons frutos se agir em equipe. Porém, entre 15 de maio e 12 de setembro, a carreira talvez não ande na velocidade e direção que deseja. Aborrecimentos, divergências, disputas, inimizades e até problemas matrimoniais poderão prejudicar seus contatos e produtividade.

Conquistar uma vida financeira mais estável, próspera e confortável será uma das suas principais preocupações. E seu signo terá grandes chances de progredir e alcançar objetivos em 2020, pois contará com as energias do Sol, que rege o ano e sua Casa do Dinheiro. Produtos ou serviços relacionados à moda, entretenimento, recreação, público jovem e infantil, acessórios, artigos para festas, joias, bijuterias, cosméticos e confecções estarão favorecidos. No primeiro semestre, poderá ganhar dinheiro com acordos, algo novo que fizer, vitórias na carreira e através de jogos e sorteios. Já no segundo semestre, tenha atenção com as contas e não arrisque o que possui.

FAMÍLIA E SAÚDE

Os sentimentos e a segurança material da família terão enorme importância para os cancerianos em 2020. Os primeiros três meses sinalizam momentos especiais com os parentes, mas um movimento atípico de Vênus afetará o convívio com os familiares. Entre 3 de abril e 6 de agosto, quando Vênus estará em seu inferno astral, talvez surjam desafios, chateações e problemas. Brigas e segredos poderão vir à tona, sobretudo de 14 de maio até 22 de junho. Deverá superar esse clima a partir da segunda semana de agosto.

Outra grande preocupação de Câncer será com o seu bem-estar. E como Júpiter ficará a maior parte de 2020 em um signo do elemento Terra, o planeta estimulará você a rever hábitos e ter mais disciplina. Pele, dentes, articulações e estrutura óssea pedirão atenção redobrada, entre 15 de maio e 12 de setembro: terá que se cuidar mais. Mas passear, viajar e fazer atividades aumentarão sua energia física e espiritual nesse período.

LEÃO
De 22/7 a 22/8
Elemento: Fogo
Planeta regente: Sol

AMOR E SEXO

O regente de 2020 e do seu signo destacará seus pontos fortes e você deverá fazer sucesso na conquista. Uma das melhores fases será de 3 de abril a 6 de agosto, pois receberá vários convites para sair. Tudo indica que conhecerá pessoas interessantes, mas talvez só se apaixone por alguém que já mexe com você. Júpiter também ajudará sua vida amorosa, e não faltarão sorte e emoções intensas com gente do seu convívio, principalmente do trabalho. Mas segure a empolgação entre 15 de maio e 12 de setembro, pois haverá risco de decepções.

Se já tiver um amor, viverá momentos gostosos nos primeiros meses. Mas o clima deve mudar entre 22 de março e 30 de junho, quando Saturno estará em sua 7ª Casa. O planeta do carma irá frear sua animação e indica chateações e brigas, sobretudo a partir de 11 de maio. Assuntos de trabalho ou saúde poderão esgotar suas energias e a rotina será a pior inimiga da relação. Ainda bem que Urano, o regente da união leonina, promete animação e conquistas. Só tenha mais cautela com decisões importantes no segundo semestre.

Normalmente, Leão esbanja pique na cama. E, no ano Sol, sua energia deverá aumentar. Vênus fortalecerá seu poder de sedução até a primeira semana de fevereiro. Já Netuno vai inspirar seus desejos, ressaltará seu romantismo e incentivará seu signo a soltar a imaginação. Agora, quem colocará fogo no seu erotismo e vontade de transar será Marte, que ficará no setor sexual do seu Horóscopo de 13 de maio a 27 de junho. Esse período será um dos mais quentes e animados do ano.

CARREIRA E FINANÇAS

Vários astros estarão na sua Casa do Trabalho em 2020, beneficiando o seu sucesso profissional. Nos primeiros e últimos meses, você terá sorte e seus projetos deverão decolar. Se estiver sem emprego, as chances de conseguir uma colocação serão boas até a primeira quinzena de maio. Nessa época, seus conhecimentos, competências e qualificações se destacarão em entrevistas, processos seletivos e atividades que executar. Se quiser subir na carreira, contará com empenho, profissionalismo, autoridade, criatividade e autoconfiança. Agora, da segunda quinzena de maio até setembro será um período difícil para quem busca ou já tem trabalho. Será preciso ter paciência e esperar a hora certa para agir.

Com relação às finanças, seu signo terá a sorte a seu favor ao longo do ano. O Sol indica que poderá faturar um bom dinheiro se investir em seus talentos. Júpiter, regente do seu paraíso astral, estará praticamente o ano todo em sua 6ª Casa, abrindo seus caminhos financeiros através do trabalho. Atividades, serviços e produtos relacionados ao público infantil e jovem, festas, turismo, esportes, artes, eventos e cursos de especialização prometem bons ganhos. Há sinal de dinheiro extra através de jogos, rifas, apostas e sorteios. Todavia, entre 17 de fevereiro e 10 de abril, Mercúrio trará reviravoltas. Outra fase tensa será de 24 de maio até 4 de agosto. Nestes períodos, controle os gastos, principalmente com extravagâncias, alimentação, passeios ou ofertas das vitrines.

FAMÍLIA E SAÚDE

Nos primeiros meses do ano, o clima em família estará bastante harmonioso. Com o apoio que receber dos seus parentes, você poderá realizar um sonho que sempre desejou. Uma das melhores fases de 2020 será entre abril e julho, mas as coisas poderão desandar no segundo semestre. Marte estará em ângulo negativo com Plutão, indicando que desafios poderão aparecer. Preocupações com troca de residência, mudança de cidade, parentes distantes e pessoas que não vê com tanta frequência não estão descartadas.

Sob o reinado do Sol, você contará com energia e vitalidade. Também receberá vibrações de Júpiter, que ficará na sua Casa da Saúde até 18 de dezembro. Terá grande vigor físico e será fácil se recuperar de qualquer problema, sobretudo entre maio e setembro, quando deverão surgir oscilações. Como vários astros estarão retrógrados no setor da saúde em seu Horóscopo, há risco de instabilidades e seu organismo pode sofrer caso não se cuide.

VIRGEM
De 23/8 a 22/9
Elemento: Terra
Planeta regente: Mercúrio

AMOR E SEXO

Graças à poderosa concentração de Júpiter, Saturno e Plutão no seu paraíso astral, setor mais positivo do seu Horóscopo, o amor estará em foco em 2020. Além de agitarem a conquista, esses planetas avisam que você deverá experimentar fortes emoções. Isso porque seu signo não estará tão discreto como de costume. Como seu jeito ficará mais cativante e sociável, vai chamar a atenção e despertar paixões. Trabalho, escola, redes sociais e passeios poderão render paqueras. Há chance também de reencontrar alguém do passado e por quem já teve interesse.

O relacionamento virginiano até poderia enfrentar contratempos em 2020, já que o regente do ano comanda também seu inferno astral. Mas outros astros jogarão a seu favor. Netuno permanecerá o ano todo em sua 7ª Casa e protegerá sua união. Além disso, estará em ângulo positivo com Júpiter, e o convívio amoroso receberá ótimas energias no primeiro semestre. Entre maio e setembro, vários planetas ficarão retrógrados e obstáculos poderão afetar a harmonia conjugal. Já nos primeiros e últimos meses do ano, há chance de aumentar a família.

Seu signo tem tudo para curtir momentos quentes na intimidade. Uma das melhores épocas deverá acontecer entre 16 de fevereiro e 29 de março, quando Marte atravessará sua Casa do Prazer e deixará sua sensualidade nas alturas. Se estiver só, saia e paquere, pois arrumará companhia rapidinho. Agora, se tiver compromisso, o período será dos mais excitantes. Altos e baixos em janeiro, abril e na primeira quinzena de maio. Outra fase em que sua energia sexual ficará poderosa será de 28 de junho a 31 de dezembro.

CARREIRA E FINANÇAS

Obstáculos estão previstos pelo regente do ano em sua vida profissional, mas outros astros realçarão seus talentos e perseverança. Assim, não desanimará nem desistirá do que quer e terá tudo para progredir, seja buscando uma vaga ou no seu trabalho. Urano indica boas novidades no primeiro semestre. Já Saturno, que comanda o setor mais positivo do seu Horóscopo, ficará em sua Casa do Trabalho de 22 de março a 30 de junho, dando-lhe mais foco, dedicação e talento para brilhar. Outro aliado do seu progresso será Vênus, que caminhará em sua 10ª Casa entre 3 de abril e 6 de agosto. Momento perfeito para mostrar seus talentos, expor ideias e provar seu valor. Há grandes chances de cair nas graças dos chefes e alcançar vitórias, só não crie expectativas entre 14 de maio e 25 de junho.

Os virginianos contarão com a poderosa força de Júpiter, Saturno e Plutão em sua Casa Astral da Sorte, ou seja, o dinheiro deverá entrar no seu bolso em 2020. Inclusive, poderá se dar bem em rifas, apostas e sorteios. Outro grande aliado das suas finanças será Vênus, que rege sua Casa da Fortuna. O planeta permanecerá no ponto mais alto do seu Horóscopo desde os primeiros dias de abril até agosto e indica que terá boas oportunidades de aumentar seus ganhos, principalmente por conta das conquistas que deverá ter no trabalho. Só precisará ter cuidado no segundo semestre, já que que Marte sinaliza desafios com dinheiro. Por isso, preste muita atenção com pagamentos, taxas, impostos, seguros, pensão ou proventos, seus ou de terceiros.

FAMÍLIA E SAÚDE

Júpiter, o planeta da felicidade e sorte, comanda seus assuntos familiares e ficará no setor mais positivo do seu Horóscopo até o final de 2020. Ou seja, o lar estará animado e contará com ótimas vibrações, sobretudo até a primeira quinzena de maio. Só precisará ter cautela entre 15 de maio e 12 de setembro. Marte e Júpiter formarão aspecto negativo no segundo semestre e poderá enfrentar turbulências em casa. Bens, pensão ou pendências financeiras poderão causar dor de cabeça.

Com relação à saúde, o Sol pede que se cuide melhor. Mas a concentração de Júpiter, Saturno e Plutão em sua 5ª Casa garantirá qualidade de vida e proteção, principalmente nos primeiros meses do ano. Contará com vitalidade e sua alegria afastará as instabilidades. Assim, quanto mais sair e se distrair, melhor se sentirá. Urano indica boas mudanças a partir de 11 de janeiro. No segundo semestre, dê mais atenção aos sinais e sintomas do seu corpo.

LIBRA
De 23/9 a 22/10
Elemento: Ar
Planeta regente: Vênus

AMOR E SEXO

Se estiver só, festas e saidinhas aumentarão suas chances de conquista. O Sol revela que uma amizade colorida pode virar romance. Já Urano passará o ano todo no setor mais quente do seu Horóscopo e indica que a atração física comandará suas decisões. Caminhando em seu paraíso astral de 23 de março a 30 de junho, Saturno avisa que poderá se envolver com uma pessoa mais velha ou que já dominou seu coração, porém, há risco de desilusões. Vênus sinaliza surpresas em passeios ou viagens entre abril e agosto. Deverá conhecer alguém perfeito para você.

Agora, se estiver em um relacionamento, um clima de companheirismo reinará e a rotina passará longe da vida social de vocês. Até a primeira quinzena de fevereiro, Marte deixará o astral intenso e você se sentirá à vontade com a pessoa amada. Aguarde bom humor, entrosamento e diálogo a dois, afastando qualquer problema. A melhor época para sua união será entre abril e as primeiras semanas de maio: há sinal de surpresas, inclusive com filhos. Os momentos de lazer e diversão serão os mais felizes. Mas, entre maio e agosto, cuidado com brigas.

Ano quentíssimo na intimidade. Estando livre ou não, você esbanjará poder de sedução, irá liberar seus desejos e saberá atrair. Uma das melhores épocas será entre abril e a primeira quinzena de maio, quando Vênus e Marte deixarão seus encantos nas alturas. Poderá se divertir em ficadas e aventuras. Ativo em sua 8ª Casa, Urano deixará sua sexualidade solta, mas alerta: preocupações com a família ou dinheiro podem afetar seu pique no segundo semestre, a partir de 28 de junho. Mas Marte elevará seu tesão.

CARREIRA E FINANÇAS

O Sol beneficiará seus objetivos e tudo indica que você terá sucesso em seus projetos, ações e iniciativas profissionais. Mais ousado e confiante em suas chances de vencer, seu signo vai arregaçar as mangas e batalhar pelo que ambiciona. Além disso, poderá contar com o apoio, direta ou indiretamente, de colegas, conhecidos e pessoas com boa posição social. Se iniciar 2020 sem emprego, há grandes possibilidades de conseguir uma vaga já em janeiro. Vênus revela que sua criatividade, seus talentos e jeito prestativo estarão com tudo, o que deverá render uma contratação, caso esteja sem trabalho, ou crescimento na profissão. Mas será Netuno que influenciará a sua carreira ao longo do ano. O planeta ficará em sintonia com Júpiter em períodos estratégicos, enviando vibrações positivas para o seu sucesso.

Plutão continuará a lenta caminhada que faz há anos em sua 4ª Casa, porém, o astro formará conjunção com Júpiter e Saturno, trazendo energias poderosas para sua vida financeira. Não faltarão oportunidades para aumentar seus ganhos. Também terá chance de melhorar sua renda com coisas que poderá fazer em casa e com ajuda de parentes, como encomenda de comida pronta, artigos religiosos ou para festas, lembrancinhas de casamento, noivado, nascimento ou batizado, aulas e vendas através da internet ou catálogo. O período entre a segunda quinzena de maio e setembro será o mais tenso. Há risco de surgirem desafios e sua situação financeira pode oscilar. Cautela e atenção nessa época. Assunto antigo de família talvez seja difícil de ser resolvido também – tenha calma, paciência e persistência.

FAMÍLIA E SAÚDE

Os assuntos familiares estarão entre suas prioridades e exigirão atenção. Nos primeiros meses, um astral de alegria, entendimento e entusiasmo dominará o lar e as relações com os parentes. Júpiter iluminará a vida familiar, abençoará seus contatos e lhe dará energia para resolver o que for preciso. Mas Júpiter, Plutão e Saturno estarão retrógrados entre maio e setembro, deixando o clima pesado. Poderão surgir discussões, preocupações, gastos imprevistos, pendências e confusões por causa de fofocas.

Enquanto o Sol estimulará sua disposição, Saturno sinaliza que problemas antigos, que pareciam superados, poderão afetar sua saúde. Atenção a partir de maio. Mas Netuno continuará em sua 6ª Casa e trocará boas energias com Júpiter em grande parte do ano, sobretudo no primeiro semestre. Tudo o que for inovador poderá aumentar seu bem-estar. Entre o início de abril e agosto, Vênus indica que mudança de hábitos e lugares fortalecerão sua energia.

ESCORPIÃO
De 23/10 a 21/11
Elemento: Água
Planeta regente: Plutão

AMOR E SEXO

O Sol revela que seu signo estará radiante e saberá conquistar. Com charme, boa lábia e popularidade em alta, terá muitos pretendentes. Rivais até poderão surgir, mas não serão páreos para o seu poder de sedução. As melhores épocas para se aproximar e atrair deverão acontecer nos primeiros meses, quando vários astros se revezarão em sua Casa da Paquera. Mas será Netuno o seu grande aliado, já que ficará em seu paraíso astral o ano inteiro. Em aspecto positivo com Júpiter, o astro aumentará sua sorte na paixão.

Se já encontrou o amor, seu signo estará mais ambicioso em 2020, o que deve se refletir no relacionamento. Você se esforçará para alcançar objetivos com a pessoa amada, e se o par também estiver empenhado a lutar ao seu lado, as coisas serão ainda mais positivas. O melhor período para a união acontecerá entre abril e agosto: Vênus revela que os interesses financeiros e a intimidade serão os seus focos. Se estiver em sintonia com seu par, tudo correrá muito bem. Mas, se a relação enfrentar uma crise, há risco de turbulências e até separação.

Mercúrio, planeta que movimenta sua sexualidade, sinaliza transas cheias de satisfação entre fevereiro e maio. Porém o momento mais quente do ano será entre 3 de abril e 6 de agosto, quando Vênus ficará em sua Casa do Sexo. Com as energias do planeta do amor, o período deverá ser intenso, recheado de romantismo e paixão, ainda mais se estiver em uma relação. Saberá envolver e deixar a pessoa amada impressionada. Agora, se estiver só, atrairá sem esforço. Cautela entre 15 de maio e 25 de junho, há sinal de envolvimento escondido e situações perigosas.

CARREIRA E FINANÇAS

Na área profissional, o Sol incentivará seu signo a ganhar maior visibilidade e prestígio, conseguir reconhecimento dos chefes e crescer na carreira. Se estiver trabalhando, poderá mostrar suas qualidades e subir de cargo. Marte também beneficiará seu progresso: até a primeira quinzena de fevereiro, o planeta enviará estímulos e será uma boa fase para realizar metas e colher os frutos do seu empenho. Duas épocas serão as melhores para sair da fila do desemprego: de 16 de fevereiro até 29 de março e entre 13 de maio e 27 de junho. No segundo semestre, Marte estará em sua 6ª Casa, deixando seu jeito mais empreendedor e dinâmico, além de fortalecer sua garra para vencer os desafios. Contudo, a partir de setembro, cuidado para não se precipitar, brigar com colegas ou agir sem pensar.

Outra meta escorpiana em 2020 será melhorar as finanças. Seu signo terá bons aliados para ganhar mais dinheiro e melhorar de vida. Na maior parte do ano, Júpiter, que comanda sua Casa da Fortuna, formará conjunção com Plutão, seu regente. Ou seja, sua esperteza, agilidade de raciocínio e seu lado negociador estarão em alta. Nos primeiros meses, trabalho com a escrita, telemarketing, redes sociais, aplicativos, transportes, compras, vendas, encomendas, serviços temporários e parcerias com gente de confiança poderão incrementar sua renda. Porém, em movimento retrógrado entre 15 de maio e 12 de setembro, Júpiter avisa que precisará ter atenção ao gastar, negociar, assinar contratos, contrair dívidas, fazer acordos e lidar com documentos financeiros. Risco de ter prejuízo entre a segunda quinzena de maio e junho.

FAMÍLIA E SAÚDE

Urano permanecerá em sua 7ª Casa, e avisa que interesses materiais, reforma ou mudança de casa, assuntos ligados a noivado e casamento de parentes terão destaque em 2020. Mas, como estará retrógrado até o dia 10 de janeiro e no segundo semestre, poderão surgir adversidades . Já entre 22 de março a 30 de junho, Saturno entrará no setor familiar do seu Horóscopo e indica que várias responsabilidades cairão no seu colo.

Na entrada do ano astrológico, o Sol estará no setor da saúde em seu Horóscopo. Ou seja, a fase será de muita vitalidade. Também contará com as energias de Marte, que rege os assuntos ligados ao seu bem-estar. Entre 30 de março e 13 de maio, cuidado com distúrbio reincidente ou de origem hereditária. Já a partir de 28 de junho, você esbanjará disposição e resistência física. Marte promete energia até o fim do ano, só não abuse.

SAGITÁRIO
De 22/11 a 21/12
Elemento: Fogo
Planeta regente: Júpiter

AMOR E SEXO

Sob o reinado do Sol, o desejo sagitariano por novidades e aventuras ficará ainda maior. Além de destacar sua alegria de viver e poder de atração, o astro-rei sinaliza ótimas surpresas e emoções intensas. Deverão surgir boas chances de conquista em saidinhas, viagens e lugares ligados a estudos ou crenças. Mas, como sua paixão por liberdade também estará mais forte do que nunca, talvez fique em dúvida sobre assumir uma relação séria. Os meses mais animados na paquera serão janeiro, fevereiro, abril, junho e agosto.

Agora, se já tiver um amor, o Sol reforçará os laços e estimulará a união. Mas Mercúrio, regente da sua 7ª Casa, fará movimentos mais lentos e revela que parentes e assuntos domésticos podem afetar seu romance, ou até abalar o entrosamento com a pessoa amada. Melhores energias virão de Vênus, que ficará no setor astral dos compromissos firmes entre 3 de abril e 6 de agosto. Essa fase promete alegrias, boas notícias sobre trabalho e companheirismo a dois. Só cuidado com a rotina entre 14 de maio e 25 de junho, pois o planeta do amor estará retrógrado.

Nos momentos íntimos, Sol e Marte estimularão seus desejos e você contará com muito entusiasmo. Uma das fases mais interessantes e quentes será entre 3 de janeiro e 15 de fevereiro, quando terá charme e pique de sobra para seduzir. Após esse período, seu signo poderá ficar mais dominador e possessivo, e as discussões deverão esfriar o fogo. O momento mais explosivo e excitante começará no fim de junho e continuará durante o segundo semestre inteiro, quando Marte visitará sua Casa do Prazer e deixará seu erotismo nas alturas.

CARREIRA E FINANÇAS

O anseio do seu signo por independência, liberdade e autonomia ficará mais forte em 2020. O Sol lhe dará forças para buscar alternativas, enquanto

Urano, que permanecerá o ano todo em sua 6ª Casa, irá estimular sua vontade de aprender e ter realização no trabalho. Como a questão financeira será importante, o salário deve pesar na hora de tomar decisões. Poderá ter sucesso em atividades inovadoras e ligadas a mídias digitais, redes sociais, tecnologia de informação, serviços terceirizados e que incentivem seu aperfeiçoamento. Urano revela que haverá mudança e talvez embarque em coisas que nunca fez. Para conseguir emprego, será bom ouvir pessoas próximas. Anúncios, oportunidades em ambiente de estudos e estágio deverão trazer uma vaga.

Nas finanças, tudo indica que contará com a sorte. Júpiter permanecerá praticamente o ano todo em sua Casa das Posses e, assim, novas receitas poderão surgir. Também deverá vencer os problemas mais rapidamente e ter grana, principalmente nos primeiros e últimos meses de 2020. Saturno, que comanda suas finanças e ficará domiciliado no setor do dinheiro, trará boas energias para o seu bolso. Em conjunção na maior parte do ano, Júpiter, Saturno e Plutão indicam que os interesses materiais serão os maiores destaques do seu Horóscopo. Mas você precisará agir com cautela entre a segunda quinzena de maio e setembro, pois os três planetas estarão retrógrados, trazendo riscos de aborrecimentos, perdas e prejuízos com força tripla. O astral deverá melhorar nos últimos meses.

FAMÍLIA E SAÚDE

Talvez não fique muito em casa em 2020, já que crescerá a vontade de aproveitar a vida, sair e se divertir. Assim, poderá surgir atrito com a família, que reclamará da sua ausência e mínima participação com as exigências do lar. Ainda bem que Netuno, aliado da sua vida doméstica, ficará o ano inteiro em sua 4ª Casa e irá equilibrar a relação com os parentes, fortalecendo o carinho, compreensão e amor. O Sol também deixará o astral mais descontraído entre vocês.

Se depender do regente do ano, seu signo contará com muita vitalidade física e mental em 2020. Urano é outro astro que influenciará sua saúde, estimulando você a se cuidar melhor. Terapias e tratamentos inovadores podem lhe ajudar a superar um distúrbio. O primeiro semestre será de ótimas energias. Mas, entre 14 de maio e 25 de junho, tenha cautela com o aparelho respiratório, sistema nervoso e cuide melhor do seu organismo.

CAPRICÓRNIO
De 22/12 a 20/1
Elemento: Terra
Planeta regente: Saturno

AMOR E SEXO

No ano do Sol, o jeito reservado do seu signo dará trégua e você estará mais sensual. 2020 tem tudo para ser estimulante, com paqueras em momentos inesperados. Como Urano ficará o ano inteiro em sua 5ª Casa, aguarde boas surpresas com pessoas que têm interesses parecidos com os seus. Sua possessividade estará forte, mas, se conseguir controlar o ciúme, tende a ter sucesso em suas investidas. No primeiro semestre, há sinal de clima quente e conquistas. Já Vênus revela que as chances de se apaixonar por alguém que já conhece serão grandes entre abril e agosto.

Se já encontrou sua cara-metade, o Sol deixará seu signo mais ousado, o que intensificará o clima de paixão. Tudo indica que a intimidade será o ponto alto da união e renderá fortes emoções. Mas o astro-rei também estimulará o lado exigente e controlador do seu signo, ou seja, você não irá relevar o que não lhe agradar nem abrirá mão de ter o comando da relação. Seu maior desafio será encontrar o equilíbrio e não exagerar. Já Vênus, que estará em seu paraíso na entrada do ano astrológico, promete alegrias e novidades com crianças.

Na vida sexual, seu erotismo ficará muito forte e você mostrará um lado sedutor que normalmente não revela. Será mais fácil seduzir e mostrar a sensualidade que seu signo possui. Um dos momentos mais quentes ocorrerá entre 16 de fevereiro e 29 de março: Marte aumentará seu fogo, você irá seduzir sem se esforçar e comandará as transas naturalmente. Outro período excitante deverá acontecer entre maio e junho, e um papo malicioso já será o bastante para acender seu tesão.

CARREIRA E FINANÇAS

A vida profissional receberá poderosas energias, sobretudo de Mercúrio e Vênus. Virando o ano em seu signo, Mercúrio lhe ajudará a alcançar o sucesso. Poderá ter êxito em processos seletivos de emprego ou assumir novas funções no trabalho. Só atenção entre 17 de fevereiro e 10 de março, pois Mercúrio indica informações equivocadas, mal-entendidos e confusões. De 3 de abril a 6 de agosto, Vênus fará um movimento longo e propício em sua Casa do Trabalho, estimulando suas qualidades e seus talentos, além de indicar sorte. Poderá ter boas oportunidades e sucesso em atividades que atendam mulheres e crianças, recreação, festas, estética, moda, beleza, artesanato, decoração, vestuário, alimentação e paisagismo. Saberá, também, lidar com pessoas, chefes, clientes e o público em geral.

As finanças deverão ser prósperas. Urano ficará o ano inteiro no setor mais positivo do seu Horóscopo e o Sol, regente de 2020, simboliza sorte. Inovação e criatividade serão suas armas para faturar mais ou se recuperar, caso passe por algum sufoco. Se usar seus talentos e investir no que sabe fazer, deverá aumentar o orçamento ou descobrir uma fonte de renda lucrativa. Assuntos relacionados a heranças, doações, impostos, taxas, seguros e aposentadoria também renderão bons resultados. De 22 de março a 30 de junho, Saturno passará pela sua Casa da Fortuna e lhe dará mais disciplina, organização e sabedoria. Durante o movimento retrógrado de seu regente, que começará em 15 de maio, talvez surjam momentos delicados, mas você saberá encontrar alternativas para enfrentar qualquer crise.

FAMÍLIA E SAÚDE

A vida familiar deverá correr com mais tranquilidade. Embora governe a 8ª Casa, o Sol aponta ótimas vibrações, alegrias e momentos incríveis ao lado dos parentes. Com seu jeito determinado, resolverá o que for preciso e irá encarar de imediato assuntos que exigirem mudanças, já que seu signo estará menos conservador e apegado. Essa postura mais flexível ajudará a rever conceitos e melhorar o convívio no lar.

Com relação à saúde, você contará com disposição e não deverá ter grandes preocupações nos primeiros meses de 2020. Mesmo que apareça um problema, sua capacidade de recuperação ajudará a resolver essa adversidade rapidamente. Mas o astro-rei pedirá atenção com o coração, o sistema circulatório, a saúde íntima e sexual. Saturno ficará um tempo em seu signo e reforçará seu vigor. Só atenção entre maio e setembro, pois a resistência física poderá diminuir.

AQUÁRIO
De 21/1 a 19/2
Elemento: Ar
Planeta regente: Urano

AMOR E SEXO

O Sol revela que um romance firme acontecerá em 2020 caso esteja só, e os meses mais propícios serão fevereiro, abril, junho, agosto e outubro. Vênus, o planeta do amor, fará um trânsito especial em sua Casa da Conquista entre 3 de abril e 6 de agosto, destacando seu charme, boa conversa e simpatia. Você ganhará as atenções, principalmente em lugares descontraídos e animados. Durante o movimento retrógrado de Vênus, de 14 de maio até 25 de junho, poderão surgir contratempos. Com exceção dessa fase, terá sorte e vários pretendentes.

Para os relacionamentos sérios, 2020 será um dos melhores anos dos últimos tempos. Tirando apenas as primeiras semanas de janeiro, quando o Sol infernizará seu signo, o astro-rei enviará excelentes energias, proteção e surpresas para a sua união. Quem sonha em se casar poderá, inclusive, marcar a data e subir ao altar. Entre março e junho, o astral ficará instável, pois Saturno visitará seu signo: seu humor terá altos e baixos. Mas Vênus ficará no setor mais positivo do seu Horóscopo no mesmo período, indicando sorte e prazer.

Sob a regência do Sol, o apetite sexual do seu signo crescerá. Você contará com muito pique para realizar suas fantasias e curtir os momentos íntimos, ainda mais se estiver em um relacionamento. Outro astro que favorecerá a intimidade será Marte. Até a primeira quinzena de fevereiro, o planeta do sexo aumentará suas vontades e deixará seu signo mais solto e espontâneo. Sua energia só tende a cair entre 16 de fevereiro e 29 de março, mas logo em abril seu fogo voltará com força e deve continuar assim até maio. No segundo semestre, seu erotismo ficará poderoso.

CARREIRA E FINANÇAS

Aquário contará com espírito de colaboração, liderança, criatividade e boa vontade, o que beneficiará o seu sucesso profissional. Também receberá boas energias do Sol para experimentar outras atividades. Você descobrirá novos interesses e se sentirá à vontade ao trabalhar em equipe: vai mostrar seus dons. Caso esteja em busca de uma vaga em 2020, deverá receber apoio, dicas e recomendações de seus conhecidos, sobretudo da pessoa amada. Porém, há risco de enfrentar dificuldades com adversários, concorrentes e gente competitiva, ou seja, precisará se esforçar mais para provar seus talentos e ganhar seu espaço. Vários planetas estarão em seu inferno astral, indicando desgaste, estresse, traições e quebras de confiança.

Netuno, que caminha desde 2012 em sua Casa da Fortuna, permanecerá enviando vibrações poderosas para a sua vida financeira em grande parte de 2020. Sua imaginação estará borbulhando e você deverá encontrar boas alternativas para incrementar seus ganhos, principalmente até 22 de junho. Seu signo também esbanjará intuição e talvez tenha palpites certeiros para jogos e sorteios. As chances de melhorar o rendimento virão de atividades, produtos e serviços relacionados ao mundo místico, religioso ou artístico; terapias alternativas; coisas ligadas ao mar, água, estâncias turísticas, líquidos ou alimentos. Oportunidades de ganhar dinheiro não faltarão, mas você deverá ter cuidado para não se deixar levar por ideias grandiosas, promessas e propostas mirabolantes.

FAMÍLIA E SAÚDE

O Sol estimulará seu signo a ser mais participativo, caloroso e presente no lar. Vênus, que rege sua 4ª Casa, fará um movimento incomum e ficará de abril a agosto em seu paraíso astral, trazendo ótimas energias, alegrias e proteção para as relações familiares. Já Urano permanecerá o ano inteiro no setor da família do seu Horóscopo, indicando mudanças e fortalecendo seu lado independente, o que poderá causar atritos e cobranças, sobretudo a partir de abril.

No ano do Sol, energia e vitalidade não faltarão ao seu signo. Além de contar com bem-estar, disposição e animação, você terá uma postura mais vaidosa com o corpo e a aparência. Mas as pressões em sua 12ª Casa não serão poucas em 2020 e não será nada fácil manter o pique que o Sol promete. Júpiter, Saturno e Plutão vão infernizar o seu astral grande parte do ano, o que deverá mexer com o seu organismo, sinalizando instabilidades.

PEIXES
De 20/2 a 20/3
Elemento: Água
Planeta regente: Netuno

AMOR E SEXO

O coração pisciano que estiver solitário sonhará com romance em 2020. De 13 de janeiro a 6 de fevereiro, Vênus deixará seu lado romântico, charmoso e sedutor nas alturas. Será uma época excelente para se aproximar de quem gosta. Seu lado carente estará forte a partir de abril. Nesse período, talvez reencontre e sinta atração por uma paixão do passado. Também há chance de se interessar por alguém ligado à família ou que conhecerá através de um parente. Uma amizade poderá virar algo especial, principalmente nos primeiros e últimos meses do ano.

Se tiver compromisso, seu signo estará mais carinhoso e prestativo com a pessoa amada. O relacionamento e tudo vinculado a ele serão suas prioridades em 2020. Assuntos de trabalho e dinheiro deverão pesar na vida a dois, mas poderá vencer qualquer coisa com empenho. Você e seu amor tendem a unir forças e até tocar um projeto profissional, o que renderá bons frutos. Nos primeiros meses do ano, um sonho a dois talvez vire realidade. Agora, a melhor época começará no dia 28 de maio: há sinal de surpresas e notícia sobre gravidez ou adoção.

Sua imaginação estará a todo vapor e as fantasias sexuais comandarão a intimidade. As transas serão quentes, mas seu signo não será egoísta. Para você, proporcionar prazer será tão importante quanto sentir satisfação. Entre abril e agosto, valorizará a privacidade e cumplicidade com a pessoa amada, demonstrando suas vontades e erotismo, sem receios, no ninho de amor de vocês. Já no período de 13 de maio a 27 de junho, Marte deixará sua libido, seu lado sexy e envolvente com tudo. Sua criatividade e seu jeito ardente serão os destaques nessa fase.

CARREIRA E FINANÇAS

O Sol será o regente de 2020 e é quem comanda o setor do trabalho em seu Horóscopo, ou seja, exercerá importante influência na sua vida profissional. Você terá chances de brilhar e conseguir realização na carreira. Também poderá encontrar uma atividade que lhe traga satisfação, tanto pessoalmente quanto financeiramente. Trabalhar com o que atenda às suas necessidades e expectativas será primordial. Júpiter aumentará sua sorte nos primeiros quatro meses e indica oportunidades em empregos que envolvam grupos, grandes empresas, estatais, ONGs, multinacionais, turismo e escolas. Entre 15 de maio e 12 de setembro, há risco de dificuldades. Mas Júpiter fará aspecto positivo com Netuno na mesma época, sinal de que sua fé estará forte e você conseguirá superar qualquer obstáculo.

O ano astrológico terá início oficialmente com o Sol na sua Casa da Fortuna, indicando que os piscianos contarão com muita sorte, sucesso e excelentes energias nas finanças. As chances de engordar o orçamento virão com mais frequência em 2020, principalmente através do seu trabalho. Como a carreira profissional será levada bastante a sério e você não economizará dedicação para melhorar de vida, pode receber convites para serviços temporários ou um segundo emprego. Tudo isso deverá render mais dinheiro para o seu bolso e incentivar o seu progresso material. Além disso, as boas energias e oportunidades que surgirem ao longo do ano darão ainda mais estímulos para você ir atrás de suas ambições.

FAMÍLIA E SAÚDE

O Sol destacará sua boa vontade e lhe fornecerá energias para ajudar os familiares que precisarem. Mesmo que tenha muitas tarefas e interesses fora de casa, seu signo continuará prestativo e estendendo a mão sempre. Sua generosidade estará ainda mais presente e sentir-se útil aos outros trará felicidade. Só tenha mais cautela entre 19 de junho e 12 de julho, quando Mercúrio estará em movimento contrário e indica que contratempos poderão surgir na vida familiar.

A saúde ganhará suas atenções em 2020. Além de contar com muita energia, você se interessará em melhorar sua qualidade de vida. Porém, precisará ficar de olho na sua rotina, pois sua vitalidade estará ligada aos hábitos saudáveis que adotar e mantiver ao longo do ano. Também deverá valorizar os momentos de descanso e relaxamento, fazer o acompanhamento médico de prevenção e dar atenção aos pés e sistema imunológico, que sempre pedem cuidados especiais.

PLANETAS REGENTES

Cada signo é regido por um planeta – em alguns casos, governa mais de um signo – e recebe as energias do seu astro correspondente. Além de influenciar a personalidade e a maneira de agir, o planeta regente enviará vibrações e ajudará o signo que ele comanda a concretizar ideais em 2020.

ÁRIES – Planeta regente: Marte

O planeta da paixão e do sexo beneficiará seus ideais até maio. A partir de 28 de junho e até o fim de 2020, Marte permanecerá em seu signo. Isso significa que você contará com mais energia e determinação para vencer desafios.

TOURO – Planeta regente: Vênus

O planeta do amor e dinheiro iniciará 2020 no ponto mais alto do seu Horóscopo, sinal de que você lutará para alcançar metas. O principal movimento de Vênus será entre início de abril e agosto e estimulará suas finanças.

GÊMEOS – Planeta regente: Mercúrio

O astro da comunicação e do comércio abrirá o ano em sua 8ª Casa, destacando seu dom de persuadir, convencer e seduzir. Mas, em fevereiro, março e entre junho e agosto, seu regente aconselha a agir com mais cautela e discrição.

CÂNCER – Planeta regente: Lua

A posição que a mensageira das emoções ocupa na entrada do ano revela o seu futuro. Como estará em sua 9ª Casa Astral no início de 2020, a Lua incentivará você a usar todo o seu potencial, aprender coisas novas e viajar.

LEÃO – Planeta regente: Sol

O regente do seu signo e de 2020 fortalecerá suas qualidades e beneficiará seus relacionamentos e ajudará você a conseguir trabalho, melhorar os ganhos e ser feliz no amor. Também é hora de buscar seus sonhos.

VIRGEM – Planeta regente: Mercúrio
O planeta da comunicação fortalece suas ideias, esperteza e inteligência. Mercúrio iniciará o ano astrológico em sua 7ª Casa, indicando alianças em 2020: parcerias, trabalho em equipe, sociedade e união amorosa prometem.

LIBRA – Planeta regente: Vênus
O astro ficará em sua 9ª Casa entre 3 de abril e 6 de agosto, realçando seu charme, criatividade e jeito sociável. Vênus também estimulará seu signo a começar novas atividades, ganhar dinheiro e conquistar um trabalho que lhe traga realização.

ESCORPIÃO – Planeta regente: Plutão
O planeta das transformações e percepção continuará percorrendo Capricórnio, sua 3ª Casa. Plutão acentuará sua capacidade de se expressar, argumentar e convencer. E avisa: terá sucesso se confiar em seus instintos.

SAGITÁRIO – Planeta regente: Júpiter
Como o astro da sorte e fartura permanecerá no setor financeiro do seu Horóscopo até 19 de dezembro, 2020 promete prosperidade, dinheiro e bens materiais. Mas precisará controlar o entusiasmo e os gastos entre 15 de maio e 12 de setembro.

CAPRICÓRNIO – Planeta regente: Saturno
O astro das responsabilidades está no seu signo desde dezembro de 2017. Mas Saturno visitará sua Casa da Fortuna entre 11 de maio e 30 de julho, reforçando seu foco e dedicação para lidar com dinheiro, vencer desafios e estabilizar as finanças.

AQUÁRIO – Planeta regente: Urano
Em 2020, o planeta da modernidade e das mudanças estará em sua 4ª Casa, área dos assuntos familiares e tradições ligadas ao passado. Será o momento de usar sua criatividade para resolver problemas em casa e com os parentes.

PEIXES – Planeta regente: Netuno
Seu planeta regente está em seu signo desde 2012 e permanecerá até 2026. Em 2020, ele fortalecerá seu entusiasmo, imaginação e espiritualidade. Netuno ainda estimulará o seu lado intuitivo e sua capacidade de compreensão.

O SIGNO QUE TRANSFORMA SUA VIDA

No Zodíaco, cada signo tem suas características, suas qualidades e seus pontos fracos. Na convivência, é possível que um signo ensine importantes lições para o seu colega astral e, assim, modifique a sua vida.

O SIGNO QUE MUDA A VIDA DE:

Áries é Escorpião. Os escorpianos ensinam os arianos a refletirem sobre o seu modo de agir e a ouvirem a sua intuição, ajudando-os a se aproximarem do seu interior. Assim, Áries aprende a exercitar a tolerância e a deixar de analisar as pessoas pelas primeiras impressões.

Touro é Sagitário. A força da mudança dos sagitarianos, que estão sempre em busca de experiências diferentes e aventuras, é capaz de abalar a resistência que Touro tem de inovar. O sabor da novidade até amedronta Touro em um primeiro momento, mas depois transforma a sua vida.

Gêmeos é Capricórnio. Prático, focado e pé no chão, Capricórnio mostra para Gêmeos que é preciso ter disciplina, foco e persistência para alcançar o sucesso. A princípio, o inconstante geminiano se espanta, mas logo cede ao ver os resultados positivos desse modo de agir.

Câncer é Aquário. Para mudar o jeito apegado de Câncer, só o racional Aquário. Esse signo estimula Câncer a ser livre, fazer escolhas e falar o que pensa. Mas a maior contribuição aquariana é ensinar a Câncer que, para ser feliz com alguém, é preciso primeiro ser feliz sozinho.

Leão é Peixes. O altruísmo de Peixes faz com que o leonino pare de olhar apenas para si mesmo e passe a observar as outras pessoas.

Preocupar-se mais com o interior, e não só com a aparência, é outra contribuição pisciana. Já a doçura de Peixes ajuda Leão a ser menos teimoso.

Virgem é Áries. Embora a improvisação e precipitação de Áries façam o metódico virginiano congelar, é essa capacidade ariana de lidar com os imprevistos que ajuda Virgem a crescer. Afinal, às vezes, é necessário agir rapidamente e tentar saídas diferentes diante dos desafios.

Libra é Touro. Além de presentear Libra com lealdade e persistência, Touro ensina esse signo ponderado, indeciso e procrastinador a honrar os seus compromissos. Na carreira, Touro mostra que é preciso ter obstinação; no amor, estimula Libra a não fugir das batalhas da vida a dois.

Escorpião é Gêmeos. Signo intenso e com emoções extremas, Escorpião tende a levar tudo a ferro e fogo. Para que sua caminhada seja mais leve e suave, cabe a Gêmeos ajudar Escorpião a amenizar as reações inflamadas, desencanar, correr riscos e celebrar as conquistas com alegria.

Sagitário é Câncer. Embora saiba demonstrar sentimentos, Sagitário não é muito bom em manter seus relacionamentos. O papel de Câncer é amenizar esse desejo por novidades e ensinar esse signo a valorizar as lembranças e fortalecer os laços, sejam de amizade, família ou amor.

Capricórnio é Leão. Além de ter uma autoestima e segurança formidáveis, Leão estimula o potencial das pessoas. Ao lado de Leão, Capricórnio põe para fora sua paixão pela vida, começa a curtir mais os prazeres do dia a dia e aprende a valorizar as suas próprias qualidades.

Aquário é Virgem. Talento e ideias não faltam para Aquário, o único problema é viabilizar seus sonhos. Cabe a Virgem, com sua objetividade, praticidade e capacidade de realização, direcionar a enorme criatividade aquariana e ajudar a tornar realidade tudo o que Aquário idealizou.

Peixes é Libra. Os librianos harmonizam a vida e amenizam as confusões emocionais de Peixes. Libra também desperta a habilidade pisciana de enxergar o lado bom da vida, além de ajudar Peixes a celebrar os laços de amor ou amizade de um jeito novo, profundo e muito bonito.

MOVIMENTOS PLANETÁRIOS EM 2020

Embora seja o regente do ano, o Sol não será o único responsável por influenciar os signos em 2020. Outros planetas também terão um papel importante ao longo do ano, alguns com mais destaque, outros com menos, beneficiando ou, até mesmo, atrapalhando o avanço de certas áreas da vida. Veja a seguir quais serão os principais movimentos dos astros e como eles vão influenciar este período.

AS VIBRAÇÕES DOS ASTROS RÁPIDOS

Lua e Mercúrio são astros que se movimentam de forma rápida no céu e exercem enorme influência nas previsões a curto prazo. A Lua é a mais veloz dos dois, fica apenas dois dias e meio em um signo e tem impacto direto no Horóscopo diário. Já Mercúrio é o segundo astro mais rápido, permanece geralmente menos de um mês em um signo e fica retrógrado três vezes ao ano.

No primeiro semestre de 2020, Mercúrio fará sua caminhada contrária entre os dias 17 de fevereiro e 10 de março, nos signos de Peixes e Aquário. Depois, promoverá outro movimento inverso de 19 de junho a 12 de julho no signo de Câncer. Seu último recuo do ano acontecerá entre os dias 14 de outubro e 3 de novembro, nos signos de Escorpião e Libra. Nestes períodos em que ficará retrógrado, Mercúrio exigirá mais foco e cautela, principalmente nos contatos, relacionamentos, questões que envolvam saúde, trânsito, escritos, documentos, negociações, compras, vendas e em toda forma de comunicação.

MOVIMENTOS ATÍPICOS

Em 2020, Vênus fará um trânsito especial: o astro permanecerá no signo de Gêmeos por quatro meses, entre os dias 3 de abril e 6 de agosto. Nesta posição, o planeta do amor, do dinheiro e da beleza promoverá aproximações afetivas, estimulará as amizades, vai acentuar o tino comercial e incentivará as conquistas, especialmente na paixão. A força das palavras estará a serviço do amor.

Marte, o último da categoria dos planetas rápidos, também fará um movimento incomum em 2020. O planeta passará o primeiro semestre em ritmo normal e percorrerá os signos de Sagitário, Capricórnio, Aquário e Peixes. Então, no dia 28 de junho, ingressará em Áries, onde permanecerá até o fim do ano. Com isso, o astral ficará intenso: ao agir no signo que governa, Marte terá a sua energia duplicada. Por sua vez, o astro também fará aspectos bem nervosos no céu a partir de agosto. Ou seja, o segundo semestre será dos mais agitados.

Embora Marte traga mais ousadia, coragem, dinamismo, desejo e capacidade de iniciativa, esse planeta também impulsiona o lado reativo, esquentado e impetuoso das pessoas, instigando brigas, conflitos e problemas. O clima deverá pesar ainda mais entre os dias 10 de setembro e 13 de novembro, quando o astro estará retrógrado. Será preciso se esforçar para manter a calma e ter jogo de cintura para lidar com esse clima tumultuado que Marte provocará.

AS ENERGIAS DOS PLANETAS LENTOS

Júpiter, Saturno e Plutão são, pela ordem, planetas mais lentos e serão responsáveis pelo aspecto mais marcante e intrigante de 2020. Os três astros estarão em Capricórnio e formarão uma poderosa conjunção neste signo, representando uma fusão das suas qualidades. Como vão agir no ponto mais alto do Zodíaco, os planetas da expansão, das responsabilidades e das transformações destacarão os acontecimentos ligados à política, administração pública, cargos de direção, e colocarão em evidência as ações de pessoas influentes no cenário mundial, além de ressaltarem as gestões de grandes corporações, empresas e multinacionais. Sob a influência do trio planetário em Capricórnio, haverá uma preocupação maior com as leis, normas éticas, condutas e hierarquias. Além disso, os interesses profissionais e financeiros ganharão maior importância e o ano deverá ser impactante nos altos escalões, sobretudo de governos e nações.

DESAFIOS

Júpiter, Saturno e Plutão ficam retrógrados vários meses e farão isso em 2020. Entre maio e setembro, os três entrarão em movimento contrário, indicando adversidades, disputas de poder, obstáculos e aborrecimentos nesse período. De 11 de maio até 30 de junho será outro momento conturbado, já que Saturno fará uma breve visita ao signo de Aquário. Como o astro estará em curso retrógado, poderão ocorrer confrontos, conflitos e rupturas em torno de coisas e conceitos velhos e ultrapassados, além de reviravoltas, reivindicações e reformas inspiradas pelo desejo de independência, progresso e desenvolvimento.

ASPECTOS FAVORÁVEIS

Para amenizar um pouco o clima instável, a boa notícia é que Netuno continuará no signo de Peixes em 2020 e fará aspecto positivo com Júpiter durante boa parte do ano. Isso significa que não faltarão otimismo, fé, esperança e evolução, sobretudo em torno dos interesses coletivos que dizem respeito a assuntos humanitários, ambientais, éticos, educacionais, jurídicos e religiosos, que ficarão em evidência.

Enquanto isso, Urano, arauto da modernidade e da Nova Era, seguirá o ano todo no signo de Touro, estimulando maneiras diferentes e criativas de gerar, atrair e administrar os recursos materiais. Se depender do Sol, de Urano e dos demais planetas, um novo tempo começará e muitas mudanças virão em 2020.

PRINCIPAIS MOVIMENTOS PLANETÁRIOS EM 2020

JANEIRO

Dia	Movimento planetário
3	Marte em Sagitário
10	Urano fim Rx em Touro
11	Urano volta MD em Touro
13	Vênus em Peixes
16	Mercúrio em Aquário

ABRIL

Dia	Movimento planetário
3	Vênus em Gêmeos
11	Mercúrio em Áries
26	Plutão inicia Rx em Capricórnio
27	Mercúrio em Touro

FEVEREIRO

Dia	Movimento planetário
3	Mercúrio em Peixes
7	Vênus em Áries
16	Marte em Capricórnio
17	Mercúrio inicia Rx em Peixes

MAIO

Dia	Movimento planetário
11	Mercúrio em Gêmeos
11	Saturno inicia Rx em Aquário
13	Marte em Peixes
14	Vênus inicia Rx em Gêmeos
15	Júpiter inicia Rx em Capricórnio
28	Mercúrio em Câncer

MARÇO

Dia	Movimento planetário
4	Mercúrio Rx em Aquário
5	Vênus em Touro
10	Mercúrio fim Rx em Aquário
11	Mercúrio volta MD em Aquário
16	Mercúrio em Peixes
22	Saturno em Aquário
30	Marte em Aquário

JUNHO

Dia	Movimento planetário
19	Mercúrio inicia Rx em Câncer
23	Netuno inicia Rx em Peixes
25	Vênus fim Rx em Gêmeos
26	Vênus volta MD em Gêmeos
28	Marte em Áries

JULHO

Dia	Movimento planetário
1	Saturno Rx em Capricórnio
12	Mercúrio fim Rx em Câncer
13	Mercúrio volta MD em Câncer

AGOSTO

Dia	Movimento planetário
5	Mercúrio em Leão
7	Vênus em Câncer
16	Urano inicia Rx em Touro
20	Mercúrio em Virgem

SETEMBRO

Dia	Movimento planetário
5	Mercúrio em Libra
6	Vênus em Leão
10	Marte inicia Rx em Áries
12	Júpiter fim Rx em Capricórnio
13	Júpiter volta MD em Capricórnio
26	Mercúrio em Escorpião
29	Saturno fim Rx em Capricórnio
30	Saturno volta MD em Capricórnio

MD: movimento direto
Rx: movimento retrógrado

OUTUBRO

Dia	Movimento planetário
2	Vênus em Virgem
4	Plutão fim Rx em Capricórnio
5	Plutão volta MD em Capricórnio
14	Mercúrio inicia Rx em Escorpião
28	Mercúrio Rx em Libra
28	Vênus em Libra

NOVEMBRO

Dia	Movimento planetário
3	Mercúrio fim Rx em Libra
4	Mercúrio volta MD em Libra
10	Mercúrio em Escorpião
13	Marte fim Rx em Áries
14	Marte volta MD em Áries
21	Vênus em Escorpião
28	Netuno fim Rx em Peixes
29	Netuno volta MD em Peixes

DEZEMBRO

Dia	Movimento planetário
1	Mercúrio em Sagitário
15	Vênus em Sagitário
17	Saturno em Aquário
19	Júpiter em Aquário
20	Mercúrio em Capricórnio

ASPECTOS MAIS IMPORTANTES

Data	Aspecto	Data	Aspecto
12/1 • 11/11	Saturno conjunção Plutão	24/8 • 30/9	Marte quadratura Saturno
20/2 • 28/7 • 11/10	Júpiter sextil Netuno	09/10 • 23/12	Marte quadratura Plutão
3/4 • 2/7 • 21/12	Júpiter conjunção Plutão	19/10	Marte quadratura Júpiter

HORÓSCOPO MENSAL 2020

O regente de 2020 é o Sol, porém o astro-rei não será o único a exercer influência sobre a vida das pessoas ao longo do ano. Outros astros também enviarão poderosas vibrações, às vezes positivas, às vezes negativas, e vão interferir em seu Horóscopo mensal. Nas próximas páginas, você confere como as configurações planetárias mensais influenciarão, para o bem ou para o mal, os doze signos do Zodíaco de janeiro a dezembro de 2020.

JANEIRO

ÁRIES

O ano começa cheio de estímulos para pegar firme em suas metas e brilhar na profissão. Há chance de melhorar os ganhos. Romance harmonioso nas primeiras semanas, mas com risco de brigas após o dia 13. Alguém de fora deve mexer com seus desejos. **Números:** 06, 60, 78, 51, 24 e 96. **Cores:** branco e lilás.

TOURO

2020 começa com excelentes promessas. Tudo indica que alcançará conquistas sólidas e duradouras. Retomar os estudos estará estimulado. Possibilidade de mudar de casa ou cidade. Talvez se apaixone por uma pessoa amiga. Sexo quente. **Números:** 52, 25, 79, 70, 43 e 34. **Cores:** verde e bege.

GÊMEOS

A concentração de astros em sua 8ª Casa sinaliza um mês de transições, desapegos e reavaliações. Marte indica boas alianças com quem você confia. Poderá realizar seus sonhos e objetivos com a pessoa amada. Paquera talvez se transforme em um romance sério nas primeiras semanas de janeiro. **Números:** 44, 89, 08, 35, 53 e 80. **Cores:** pink e preto.

CÂNCER

Sua dedicação ao trabalho pode render reconhecimento dos chefes. Entre os dias 10 e 16, a Lua Cheia reforçará sua energia. O amor estará envolvente nas primeiras semanas. Novidades na paquera após o dia 13. Sol e Mercúrio protegerão a união. **Números:** 09, 63, 00, 81, 36 e 18. **Cores:** vermelho e branco.

LEÃO

O ano começa com excelentes energias na carreira. Caso busque emprego, há sinal de contratação. Período de harmonia com familiares e amigos. No dia 3, Marte começa a brilhar em seu paraíso astral e promete novidades empolgantes na paixão. **Números:** 19, 73, 64, 37, 55 e 28. **Cores:** branco e dourado.

VIRGEM

Vários planetas estarão em seu paraíso astral e você contará com a sorte, sobretudo com grana e no amor. Urano volta ao curso direto e ajudará a alcançar sonhos ligados à profissão. Criatividade em alta. No lar, mostre mais paciência e menos crítica. **Números:** 74, 92, 83, 38, 11 e 02. **Cores:** dourado e branco.

LIBRA

Um novo ciclo começa neste período e será a hora de fazer planos. Bom mês para resolver questão de aluguel, compra ou venda de casa. Há risco de contratempos na paquera nas primeiras semanas, mas tudo mudará após o dia 11. Diálogo, alegrias e sintonia na união. **Números:** 12, 75, 57, 21, 93 e 66. **Cores:** dourado e branco.

ESCORPIÃO

Bom período para aprendizados. No dia 3, Marte entra em sua Casa da Fortuna: suas ações no trabalho poderão render mais ganhos. Romance bem gostoso após o dia 10. Se está só, Vênus avisa que um novo amor deve chegar na segunda quinzena. **Números:** 04, 40, 22, 67, 94 e 76. **Cores:** azul e amarelo.

SAGITÁRIO

Atividades novas que iniciar neste mês terão grandes chances de se tornarem boas fontes de renda. A saúde estará mais protegida na segunda quinzena de janeiro. A partir do dia 3, a paquera ficará intensa. Com seu poder de sedução em alta, conquistará quem quiser. Cumplicidade no romance. **Números:** 23, 77, 14, 59, 50 e 41. **Cores:** verde e rosa.

CAPRICÓRNIO

O Sol estará em seu signo até 19 de janeiro e enviará ótimas energias. Boa fase para resolver pendências e colocar as finanças em ordem. Mais sorte com grana, jogos e sorteios após o dia 11. Sexo quente, já o amor terá altos e baixos até o dia 12. **Números:** 96, 24, 51, 60, 87 e 33. **Cores:** branco e lilás.

AQUÁRIO

O Sol estará em seu inferno astral no início do ano, mas seu poder de inovar ajudará a vencer os desafios. Vênus, em seu signo, destaca seu lado sociável e criativo. Deve rolar muita paquera. Já na união, risco de perrengues até dia 19. **Números:** 79, 25, 43, 97, 88 e 61. **Cores:** verde e branco.

PEIXES

Sonhos fortalecidos no início de 2020. A partir do dia 3, Marte promete sucesso: poderá ganhar mais dinheiro graças ao seu esforço profissional. Há sinal de decepções ou atritos no amor, mas Vênus entra em seu signo no dia 13 e tudo fluirá melhor. **Números:** 53, 62, 26, 44, 71 e 17. **Cores:** pink e bege.

FEVEREIRO

ÁRIES
Pode fazer boas amizades. Seu empenho no trabalho renderá mais dinheiro. A partir do dia 17, cautela: há risco de enganos, extravio de documentos ou atrasos. Cuide da saúde. No amor, brilhará e a conquista será seu prêmio. Romantismo com o par. **Números:** 25, 79, 88, 34, 16 e 43. **Cores:** preto e verde.

TOURO
Mercúrio indica melhorias nas finanças entre os dias 3 e 16, mas despesas poderão aumentar após esse período. Evite misturar dinheiro e amizade. Será o momento de acelerar o passo no trabalho. No amor, há risco de entrar em um romance complicado ou enfrentar decepções. **Números:** 08, 62, 35, 44, 17 e 89. **Cores:** vinho e amarelo.

GÊMEOS
Com a ajuda de seu regente Mercúrio, poderá conquistar reconhecimento no emprego. Mas aja rápido, pois há risco de obstáculos a partir do dia 17. A paixão receberá incentivos após a segunda semana. Alguém talvez se apaixone por você. **Números:** 81, 36, 72, 63, 99 e 45. **Cores:** laranja e creme.

CÂNCER
O desejo de fazer mudanças deverá crescer neste mês, mas pense bem antes de tomar decisões para não se arrepender depois. Até o dia 16, a fase será para viajar com a família. Parcerias e trabalhos em equipe prometem sucesso. Muita química e sedução no amor. **Números:** 10, 64, 91, 01, 28 e 73. **Cores:** prata e amarelo.

LEÃO
Caminhando em sua 7ª Casa Astral, o Sol favorecerá seus contatos e relacionamentos. Mas há risco de ter prejuízos: não deixe que abusem da sua boa-fé. Nas primeiras semanas, a paquera estará estimulada. Na união, o convívio ficará mais animado após o dia 7. **Números:** 65, 11, 20, 74, 92 e 56. **Cores:** azul e creme.

VIRGEM
Com foco na profissão, esbanjará talento para se destacar. Cuide da saúde e atenção com o estresse.

O clima ficará mais tranquilo com a família após o dia 12. Vênus revelará seu lado sedutor e promete encontros quentes no período do Carnaval. **Números:** 12, 75, 39, 03, 66 e 48. **Cores:** roxo e cinza.

LIBRA

Este será um dos melhores meses do ano. O Sol promete alegrias e muita paquera. Após o dia 7, deve receber proposta séria de quem ama. Sorte em jogos e sorteios. Há sinal de surpresas nas amizades entre os dias 9 e 14. Boas mudanças no trabalho. **Números:** 94, 31, 22, 58, 13 e 04. **Cores:** creme e verde.

ESCORPIÃO

No trabalho, boa fase para ampliar seus conhecimentos. Se estiver sem emprego, contará com o apoio de conhecidos. Poderá resolver pendências no lar. Química poderosa com colega de trabalho após o dia 6. Sexo mais quente entre os dias 9 e 14. **Números:** 95, 59, 41, 32, 23 e 68. **Cores:** rosa e verde.

SAGITÁRIO

Bom mês para conseguir um emprego. Terá criatividade e boas ideias no trabalho. Após o dia 12, sorte para atrair dinheiro. Seu jeito estará mais extrovertido e expressivo. Vênus, em seu paraíso astral após o dia 7, vai proteger e estimular o amor. **Números:** 69, 06, 24, 87, 51 e 96. **Cores:** azul-claro e branco.

CAPRICÓRNIO

Ótimo período para ampliar os ganhos e arranjar emprego. Mercúrio estará retrógrado após o dia 17 e indica problemas nas conversas: cautela com o que diz. Alguém do passado pode mexer com seus sentimentos. A dois, o astral melhora na segunda quinzena. **Números:** 79, 88, 43, 52, 25 e 70. **Cores:** preto e rosa.

AQUÁRIO

O Sol estará em seu signo e tudo caminhará com mais velocidade e fluência neste mês. Há chance de progresso através de parcerias e trabalhos em equipe. Em casa, cautela com brigas a partir do dia 11. No amor, atração por alguém que conhece deve render romance. **Números:** 17, 08, 80, 35, 98 e 89. **Cores:** vinho e amarelo.

PEIXES

A influência solar em seu inferno astral poderá trazer instabilidades na carreira e no seu ânimo. Mas Mercúrio entra em seu signo no dia 3 e eleva sua energia. Conquista e união estimuladas na primeira semana, mas o ciúme atrapalha após o dia 7. **Números:** 99, 90, 36, 72, 63 e 00. **Cores:** branco e laranja.

MARÇO

ÁRIES

Sua vitalidade deve oscilar nas primeiras semanas. A intuição será sua aliada na carreira e finanças. No dia 20, começa oficialmente o ano astrológico: o Sol entra em seu signo, fortalecendo seu pique e sorte. Pessoa amiga pode se apaixonar por você. **Números:** 26, 62, 80, 44, 08 e 98. **Cores:** vermelho e vinho.

TOURO

Com o Sol em Peixes, poderá realizar sonhos antigos. Neste mês, decisões importantes que tomar vão impactar seu futuro. Parentes e amigos lhe darão força e confiança. No amor, Vênus brilha em seu signo. Seu charme ficará irresistível e atrairá paqueras. **Números:** 81, 00, 72, 54, 45 e 90. **Cores:** pink e laranja.

GÊMEOS

O Sol sinaliza boas oportunidades, propostas vantajosas e êxito. Nas amizades, cautela com segredos no fim do mês. Astral instável no amor a partir do dia 5. Nem tudo caminhará como gostaria na conquista. A relação poderá ser alvo de palpites e interferências dos outros. **Números:** 82, 10, 37, 01, 73 e 55. **Cores:** vermelho e prata.

CÂNCER

Contatos com pessoas distantes devem inspirar projetos que lhe animarão. Cautela com as finanças na primeira quinzena. Poderá se apaixonar por alguém do seu círculo de amizades. Atenção com situações estressantes que podem tirar a paz a dois. **Números:** 20, 83, 29, 38, 74 e 02. **Cores:** preto e azul.

LEÃO

Ouça seu sexto sentido para se livrar de ciladas. Entre os dias 4 e 15, atenção com papéis, acordo, taxa, imposto e dinheiro. Na segunda quinzena, tudo fluirá melhor. Marte traz vitalidade, além de dinamismo no serviço. Química forte com colega. **Números:** 93, 66, 75, 57, 12 e 39. **Cores:** laranja e bege.

VIRGEM

A fase será de forte conexão com as pessoas que ama. Poderá conhecer sua alma gêmea e começar um romance. Afinidades com o par. Mudanças positivas nas finanças.

Mas atenção no trabalho, já que há risco de aborrecimentos. Pegue leve nos comes e bebes. **Números:** 49, 58, 40, 13, 85 e 76. **Cores:** amarelo e preto.

LIBRA
Será a hora de cuidar mais da saúde e não deixar nada diminuir sua energia. Vencerá desafios no trabalho. Marte, Júpiter, Saturno e Plutão apontam que os interesses do lar ocuparão suas atenções. Deve resolver assuntos com parentes. No amor, lance quente à vista. **Números:** 32, 59, 77, 05, 68 e 41. **Cores:** rosa e azul-claro.

ESCORPIÃO
Os astros prometem sorte e felicidade. Trabalhar com o que gosta acelerará o seu progresso. Poderá aumentar sua renda com bicos e vendas. Envolvimento que começar a partir do dia 5 deve virar relação firme rapidinho. União mais romântica. **Números:** 06, 87, 24, 96, 78 e 60. **Cores:** lilás e preto.

SAGITÁRIO
Bom período para fazer mudanças em casa e resolver assuntos importantes com as pessoas queridas. A partir do dia 22, Saturno avisa que poderá ganhar dinheiro com comércio, marketing, mídias sociais, aulas e comunicações. Altos e baixos na vida amorosa. **Números:** 43, 61, 70, 52, 07 e 97. **Cores:** creme e marrom.

CAPRICÓRNIO
Poderá conhecer pessoas, interagir nas redes sociais e fazer amizades. Ótimo mês nos estudos. Atenção em suas tarefas e no pagamento das contas. No dia 22, Saturno entra em sua Casa da Fortuna e incentivará seu progresso. No amor, charme irresistível. **Números:** 53, 08, 62, 17, 80 e 71. **Cores:** vermelho e creme.

AQUÁRIO
Dará mais importância aos benefícios que o dinheiro traz. Grandes chances de ampliar sua renda. Saturno entra em seu signo no dia 22, diminuindo seu lado sociável. Há sinal de obstáculos na paquera entre os dias 4 e 10. Com o par, fase ciumenta. **Números:** 72, 09, 63, 36, 90 e 00. **Cores:** preto e laranja.

PEIXES
O Sol brilha para você e indica um mês produtivo. Conquistas no trabalho ou chances concretas de emprego. Finanças e amizades protegidas, mas Saturno sinaliza aborrecimentos após o dia 22. Atração por colega tende a crescer. Sintonia com quem ama. **Números:** 37, 91, 46, 73, 28 e 10. **Cores:** marrom e prata.

ABRIL

ÁRIES
Neste mês, tudo o que fizer promete bons resultados. Saturno avisa que amigos mais velhos poderão aconselhar ou abrir portas para você, inclusive profissionalmente. Poucos encontros deverão render uma conquista. Diálogo e sintonia com seu amor. **Números:** 81, 36, 90, 99, 54 e 18. **Cores:** laranja e azul.

TOURO
Há sinal de desafios na primeira quinzena, sobretudo no ambiente doméstico. Contará com sorte nas finanças e terá boas oportunidades para ampliar seus ganhos. Mês intenso na paixão. Chance de surgir uma atração poderosa com alguém, inclusive romance proibido. **Números:** 37, 46, 19, 64, 91 e 01. **Cores:** prata e branco.

GÊMEOS
Seus sonhos serão impulsionados neste mês. Entre os dias 11 e 27, Mercúrio favorece os trabalhos em grupo. No dia 4, Vênus ingressa em seu signo e inicia a melhor fase do ano para a sua vida amorosa: atrairá admiradores; clima delicioso na união. **Números:** 11, 83, 65, 92, 47 e 56. **Cores:** azul e dourado.

CÂNCER
Sol e Mercúrio realçarão seu espírito lutador e lhe ajudarão a alcançar suas metas. O convívio familiar deve enfrentar atritos. Vênus ingressa no seu inferno astral no dia 4 e sinaliza decepções no amor. Já Marte promete forte excitação no sexo. **Números:** 12, 30, 21, 39, 75 e 03. **Cores:** bege e laranja.

LEÃO
Enquanto o Sol ariano aponta surpresas, Saturno e Marte avisam que é hora de buscar o que possa trazer benefícios coletivos. Procure somar forças com os outros. As finanças tendem a crescer após o dia 11. União estará firme. Boa época para casar. **Números:** 85, 67, 13, 31, 49 e 58. **Cores:** preto e azul.

VIRGEM
A energia de Saturno em sua 6ª Casa deverá elevar a sua vitalidade e o seu empenho. A partir do dia 4, Vênus também estará agindo a seu favor, garantindo prosperi-

dade em sua vida profissional e amorosa. Na segunda quinzena do mês, mudanças poderão acontecer. **Números:** 77, 50, 68, 86, 95 e 32. **Cores:** marrom e verde.

LIBRA
Alianças serão promissoras: some forças com quem convive e trabalha. Aproximação com amigos. Marte brilha em seu paraíso astral e promete surpresas no amor. Romance recente deve ficar mais sério. Poderá se apaixonar por alguém que conhece bem. **Números:** 51, 33, 24, 69, 15 e 87. **Cores:** amarelo e branco.

ESCORPIÃO
Uma poderosa concentração planetária em sua 4ª Casa indica acontecimentos importantes em sua família: mudanças, revelações e conversas devem acontecer. Entre os dias 11 e 27, há risco de atritos e mudanças no trabalho. Tenha paciência. Sensualidade em alta. **Números:** 52, 70, 34, 43, 61 e 88. **Cores:** branco e verde.

SAGITÁRIO
No trabalho, poderá ter conquistas surpreendentes, inclusive com grana. Entre os dias 7 e 14, terá apoio de amigos para conseguir algo. Controle os gastos após o dia 26. Fase alegre e prazerosa a dois. Se estiver só, deve iniciar um romance especial. **Números:** 80, 17, 26, 62, 98 e 35. **Cores:** vinho e cinza.

CAPRICÓRNIO
Terá assuntos para resolver com os parentes, sobretudo questões que envolvam bens e direitos. Vênus promete realçar seus talentos. Chance de se destacar em serviços que exigem criatividade e dons artísticos. Colega poderá se declarar para você. **Números:** 81, 27, 99, 09, 63 e 45. **Cores:** laranja e roxo.

AQUÁRIO
Mês indicado para estudar, pois abrirá novas e promissoras portas. Se estiver sem trabalho, terá ótimas chances de conseguir uma vaga. No dia 3, Vênus ingressa em seu paraíso astral e você poderá conquistar quem desejar. Sintonia e alegrias na união. **Números:** 55, 37, 73, 46, 91 e 82. **Cores:** prata e azul.

PEIXES
O Sol ariano deixará o seu signo mais ambicioso. Mas Marte irá infernizar o seu astral e alerta: tenha cautela com transações, compras e negociações arriscadas. Parente ou cônjuge poderá te livrar de uma cilada. Talvez comece um romance firme ou reate com um ex. **Números:** 83, 29, 56, 11, 20 e 47. **Cores:** azul e dourado.

MAIO

ÁRIES
Boas energias para buscar interesses materiais e colocar as contas em ordem. A partir do dia 11, não se guie pelos outros, pois podem trair sua confiança. Saúde pedirá atenção na segunda quinzena. Romance e sexo intensos nas primeiras semanas. **Números:** 73, 46, 37, 10, 55 e 01. **Cores:** branco e preto.

TOURO
O Sol em seu signo traz boas energias para o seu mês. Astral feliz com a família e pessoas queridas, mas talvez se decepcione nas amizades após o dia 13. Saturno alerta: obstáculos poderão atrasar conquistas. No amor, impressionará quem deseja com seu charme. **Números:** 20, 56, 02, 83, 29 e 65. **Cores:** dourado e rosa.

GÊMEOS
A vida profissional estará protegida na segunda quinzena. Há risco de altos e baixos em seus contatos e relacionamentos, principalmente no lar. Até dia 10, Mercúrio pede cuidado para não se envolver em intrigas ou complicações. Paixão mais gostosa na primeira quinzena. **Números:** 84, 57, 66, 12, 39 e 03. **Cores:** amarelo e branco.

CÂNCER
Seu lado prático e realista estará forte. Pode realizar objetivos, sobretudo materiais. Clima carinhoso com a família, mas risco de aborrecimentos após o dia 11. Desafios na paixão e imprevistos na conquista. Crises pedirão diálogo e paciência. **Números:** 22, 94, 40, 13, 76 e 67. **Cores:** dourado e creme.

LEÃO
Sua liderança se destacará. Os superiores estarão atentos e podem tomar decisões que lhe ajudarão a crescer no trabalho. Iniciativas com amigos devem trazer lucros. Na segunda quinzena, cautela com influência de terceiros em seu romance. **Números:** 05, 23, 68, 50, 32 e 41. **Cores:** amarelo e vinho.

VIRGEM
O Sol caminha em um setor positivo do seu Horóscopo e será uma boa fase para novas experiências. Aproveite logo, pois a sorte irá virar

na segunda quinzena. Imprevistos poderão atrapalhar seu trabalho e bem-estar após o dia 11. Amor protegido nas primeiras semanas. **Números:** 60, 42, 96, 06, 51 e 15. **Cores:** branco e azul.

LIBRA

Poderá ampliar os ganhos entre os dias 7 e 13. As primeiras semanas serão ótimas para conquistar ou curtir a união. Após o dia 11, Saturno fica retrógrado e indica aborrecimentos na vida familiar e amorosa. No trabalho, não dependa dos outros. **Números:** 97, 16, 79, 43, 25 e 07. **Cores:** pink e marrom.

ESCORPIÃO

Entre os dias 7 e 13, a Lua Cheia estimula seus projetos, que devem decolar. Êxito em provas e concursos. No lar, pegue leve a partir do dia 11: Saturno avisa que poderão surgir problemas. Novidades na união. Há sinal de rolos após o dia 13. **Números:** 08, 35, 26, 44, 17 e 98. **Cores:** pink e prata.

SAGITÁRIO

Com as boas energias do Sol a seu favor, pode mostrar do que é capaz no trabalho e ganhar reconhecimento. Após o dia 11, Saturno ficará retrógrado: segure a sinceridade e aja com a discrição. Atração por pessoa conhecida talvez cresça

na segunda quinzena. **Números:** 54, 90, 36, 99, 45 e 18. **Cores:** prata e amarelo.

CAPRICÓRNIO

Sol e Mercúrio circulam em seu paraíso astral, duplicando seu charme, sorte e alegria. Poderá realizar seus sonhos. Saturno, seu regente, pedirá cautela com dinheiro a partir do dia 11. Risco de atritos na segunda quinzena, inclusive no amor. **Números:** 55, 28, 64, 73, 82 e 46. **Cores:** amarelo e vinho.

AQUÁRIO

O lar concentrará suas atenções. Clima de união e entendimento com pessoas queridas. No trabalho, chances de progresso entre os dias 7 e 13. Astral tranquilo na segunda quinzena. Após o dia 10, será a melhor fase para investidas amorosas. **Números:** 92, 29, 47, 74, 11 e 20. **Cores:** dourado e branco.

PEIXES

Você terá um bom entrosamento com colegas e chefes. Mês propício para ampliar seus contatos e clientela. A partir do dia 13, deve lucrar com seus talentos e ideias. Pessoa amiga talvez te traia. Há risco de decepções no amor após o dia 14: não crie expectativas. **Números:** 57, 84, 93, 30, 39 e 21. **Cores:** cinza e verde.

JUNHO

ÁRIES
Você terá sucesso em atividades em contato com o público. Sua comunicação estará poderosa. Contará com o apoio de pessoas queridas para vencer desafios. No amor, há risco de chateações por causa de intromissões ou fofocas. Melhor entrosamento a dois no fim do mês. **Números:** 47, 65, 83, 29, 92 e 11. **Cores:** roxo e creme.

TOURO
As finanças terão mais destaque. Poderá ter ótimas iniciativas para aumentar a renda, mas atenção com despesas após o dia 19. Astral tranquilo em casa na segunda quinzena. Ciúme e exigências podem atrapalhar a conquista ou o relacionamento. **Números:** 48, 93, 30, 57, 84 e 39. **Cores:** roxo e creme.

GÊMEOS
Até o dia 19 de junho, nada atrapalhará a sua escalada rumo ao que ambiciona. Ótimo período para estudar e conhecer pessoas. Porém, a partir do dia 23, tenha mais atenção com atrasos no trabalho. Na vida amorosa, o recuo

de Vênus poderá adiar a conquista. **Números:** 13, 22, 31, 49, 85 e 58. **Cores:** lilás e preto.

CÂNCER
O Sol atravessa sua 12ª Casa e você deverá controlar as contas para não passar apertos. Mas Mercúrio destacará sua criatividade e comunicação. Pessoas que encontra sempre podem te ajudar. No amor, Vênus avisa que incertezas poderão incomodar. **Números:** 32, 50, 68, 14, 41 e 77. **Cores:** rosa e azul-claro.

LEÃO
A carreira fluirá melhor no fim do mês. Prudência com dinheiro: há risco de perdas. Receberá muitos convites e ganhará admiradores. Conquista amorosa poderá rolar já nos primeiros encontros. Esbanjará sensualidade e o sexo estará quentíssimo. **Números:** 06, 87, 24, 33, 51 e 78. **Cores:** lilás e pink.

VIRGEM
Foque em suas ambições e não perca tempo com o que atrapalha o seu progresso. Pessoas influentes te ajudarão a conseguir trabalho,

caso precise. Vencerá problemas com parentes. O clima melhora no amor após o dia 26. Até lá, mais paciência e menos expectativas. **Números:** 52, 61, 97, 16, 43 e 25. **Cores:** lilás e preto.

LIBRA

O desejo de iniciar coisas novas poderá te levar mais longe. O Sol dará força e incentivo para buscar o que traz realização. Chance de começar ótimas amizades em viagens e passeios. No amor, nem tudo deverá agradar e há risco de ilusões. **Números:** 35, 80, 53, 17, 89 e 98. **Cores:** vermelho e preto.

ESCORPIÃO

Marte ficará em seu paraíso astral e incentivará suas conquistas, sobretudo no trabalho e na paixão. O sexo estará quente. Mas o Sol indica desafios com dinheiro e adversários na carreira. Com Plutão retrógrado, será bom controlar a sinceridade. **Números:** 45, 27, 09, 99, 72 e 54. **Cores:** cinza e laranja.

SAGITÁRIO

Boa fase para conhecer pessoas e fazer amizades. Terá instinto e esperteza para lidar com as finanças. Mas atenção após o dia 18: há risco de aborrecimentos e prejuízos. A vida amorosa também enfrenta instabilidades, porém, melhora no fim do mês. **Números:** 73, 46, 55, 37, 91 e 19. **Cores:** vermelho e azul.

CAPRICÓRNIO

Use seu jeito dedicado para subir profissionalmente. Só não descuide da sua saúde. Evite discussões em família. Poderá sentir algo intenso por alguém que conhece. Mas a conquista só deve rolar no fim do mês. Na união, tudo fluirá melhor após o dia 12. **Números:** 74, 11, 65, 83, 02 e 29. **Cores:** bege e azul.

AQUÁRIO

Sua criatividade e versatilidade estarão nas alturas e você brilhará, ainda mais na carreira. Poderá ganhar dinheiro extra. No amor, receberá as energias positivas do Sol e Vênus em sua Casa da Paquera. Notícia sobre gravidez e alegrias com filhos. **Números:** 93, 75, 66, 39, 12 e 84. **Cores:** roxo e bege.

PEIXES

O clima ficará animado com a sua família. Mês propício para arrumações e mudanças no lar. Poderá se destacar e impressionar os chefes, ainda mais entre os dias 5 e 12. Atrairá como um ímã, mas o passado pode atrapalhar sua felicidade. União pedirá diálogo. **Números:** 49, 94, 58, 40, 85 e 13. **Cores:** amarelo e preto.

JULHO

ÁRIES
A família e o ambiente doméstico estarão entre as suas prioridades. Mas o trabalho exigirá mais de você. Saturno regressa para sua 10ª Casa e pede perseverança e empenho. Sua sensualidade em alta renderá conquista. Só cautela com o excesso de apego e possessividade. **Números:** 75, 39, 21, 66, 57 e 12. **Cores:** bege e marrom.

TOURO
Sua comunicação brilhará e você terá facilidade para convencer as pessoas. Poderá ter sucesso e melhorar os ganhos se trabalha com vendas ou junto ao público. Saturno retrógrado aponta dificuldade em viagens ou estudos. Já no amor, astral positivo. **Números:** 31, 22, 76, 94, 67 e 85. **Cores:** preto e azul.

GÊMEOS
Nas primeiras semanas, poderá ter aborrecimentos com grana e gastos inesperados, mas tudo deverá melhorar após o dia 13. Amigos ou conhecidos mais velhos talvez ajudem na realização de um sonho. Atrairá quem paquera. Romance cúmplice e sensual. **Números:** 68, 14, 23, 50, 77 e 41. **Cores:** azul e verde.

CÂNCER
Contando com mais energia, dinamismo e confiança, você deverá brilhar em tudo. Há chance de começar algo que sempre desejou. Bons papos e alegrias com irmãos, primos e tios. Saturno volta à sua 7ª Casa, mas segue retrógrado e pede tolerância. Altos e baixos no amor. **Números:** 15, 33, 24, 69, 42 e 96. **Cores:** verde e branco.

LEÃO
Saturno regressa para a sua 6ª Casa e, como estará retrógrado, poderá impor desafios na sua profissão. Você também precisará cuidar da saúde. Após o dia 13, as finanças talvez melhorem. Mesmo assim, evite gastos à toa. Paquera animada e companheirismo a dois. **Números:** 25, 70, 79, 07, 61 e 43. **Cores:** prata e verde.

VIRGEM
Fase enriquecedora no convívio com os amigos. Atividades em

grupos favorecidas. Grande sintonia com a família e a pessoa amada. Saturno regressa para a sua Casa do Prazer, mas, como estará em movimento contrário, indica obstáculos na conquista. **Números:** 62, 26, 98, 35, 80 e 44. **Cores:** vinho e cinza.

LIBRA

Poderá concorrer a um cargo melhor remunerado. Terá sucesso em provas e seleção de emprego a partir do dia 13. Saturno sinaliza desafios no lar. Júpiter e Netuno beneficiam sua saúde. Alguém distante pode se aproximar de você. Clima de paixão na união. **Números:** 27, 45, 81, 18, 09 e 72. **Cores:** laranja e prata.

ESCORPIÃO

Talvez receba uma proposta que vai trazer mudanças em sua vida. Viagem a trabalho não está descartada. Parente mais velho deve dar conselhos importantes. Definições no romance, que tende a se aprofundar. Chance de atrair alguém envolvente. **Números:** 01, 82, 19, 64, 10 e 46. **Cores:** dourado e branco.

SAGITÁRIO

Terá disposição para mudar o que não anda fluindo. Saturno recomenda agir com prudência ao administrar seu dinheiro. Clima de paz com parentes e amigos. Marte brilha em sua 5ª Casa e garante:

conquistará quem paquera. União firme e protegida. **Números:** 92, 02, 38, 83, 11 e 47. **Cores:** rosa e dourado.

CAPRICÓRNIO

Apesar de retrógrado, Saturno retorna para o seu signo e promete mais persistência. Vênus favorecerá seu bem-estar físico e emocional. Poderá ter boas novas sobre emprego após o dia 13. Clima tenso no lar. Vida amorosa cheia de estímulos. **Números:** 48, 66, 39, 93, 03 e 57. **Cores:** dourado e cinza.

AQUÁRIO

Sua energia deve oscilar por causa de aborrecimentos ou estresse, mas seu pique aumentará após o dia 12. Previsão de vitórias a partir do dia 20. Vênus segue em seu paraíso e estará em paz com Marte: sinal de felicidade no amor e satisfação no sexo. **Números:** 40, 76, 49, 04, 85 e 58. **Cores:** amarelo e preto.

PEIXES

Contará com a sorte e tudo deve caminhar com mais leveza. Dinheiro inesperado poderá chegar, só não gaste tudo de uma vez. Terá um jeito mais seletivo nas amizades. Encantos em evidência no amor: conquistará rápido. Prazer e carinho na relação. **Números:** 86, 95, 41, 32, 14 e 50. **Cores:** azul e branco.

AGOSTO

ÁRIES
Sol e Mercúrio anunciam alegrias, realizações e sorte. Convites para sair animarão suas amizades e paqueras. Romance envolvente. A partir do dia 16, Urano ficará retrógrado em sua Casa do Dinheiro e pede que controle seus ganhos e gastos. **Números:** 58, 67, 13, 85, 04 e 40. **Cores:** azul e amarelo.

TOURO
Mês favorável para lidar com os interesses do lar, organizar o orçamento e resolver questões sobre aluguel, compra ou venda de imóvel. Suas ideias serão valorizadas e poderá ir bem em entrevistas de emprego. No amor, deve ter novidades após a segunda semana. **Números:** 77, 14, 86, 95, 05 e 50. **Cores:** branco e rosa.

GÊMEOS
Sua energia mental e criatividade estarão no auge, favorecendo o seu trabalho e o convívio com pessoas próximas. Estudos, provas e aprendizados ficarão em alta. A primeira semana será perfeita no amor. Já após o dia 7, observe suas reações e controle o ciúme. **Números:** 33, 42, 06, 87, 15 e 24. **Cores:** branco e marrom.

CÂNCER
Até o dia 19, pode ter oportunidades para encher o bolso. Boas surpresas com quem estima. Vênus entrará em seu signo e deixará seu charme arrasador. Momento ideal para a conquista. Evite levar preocupações do trabalho para a vida a dois. **Números:** 43, 52, 79, 70, 25 e 61. **Cores:** pink e marrom.

LEÃO
O Sol brilhará para o seu signo, já Mercúrio indica novidades na sua vida social e material. Há chance de ampliar os seus ganhos. Emprego favorecido entre os dias 18 e 24. Com a família, convém dialogar mais. A conquista estará vibrante e terá alegrias no romance. **Números:** 80, 17, 08, 53, 35 e 44. **Cores:** creme e vermelho.

VIRGEM
A saúde pedirá cuidados e sua energia pode sofrer uma queda. Evite pessoas negativas e situações

estressantes. Na segunda quinzena, talvez precise adiar mudança ou viagem. Na paixão, novidades estimulantes e paquera animada. Poderá realizar um sonho. **Números:** 81, 63, 54, 90, 00 e 27. **Cores:** vermelho e dourado.

LIBRA

Seu jeito sociável, simpático e cativante vai brilhar. Fará amizades com facilidade. Seja prudente com dinheiro na segunda quinzena. Poderá se interessar por uma pessoa disputada. Na união, valorize a sintonia. Esqueça o passado e será mais feliz. **Números:** 46, 73, 91, 01, 28 e 55. **Cores:** branco e azul.

ESCORPIÃO

O Sol ilumina a sua 10ª Casa, destaca os seus dons e estimula o seu crescimento profissional. Júpiter pede cautela com gastos supérfluos. Novidades no amor após a segunda semana. Poderá conhecer alguém que combina com você. Esclareça as coisas com o par. **Números:** 02, 92, 74, 65, 11 e 47. **Cores:** amarelo e roxo.

SAGITÁRIO

Cursos, viagens e contatos com pessoas distantes devem trazer um novo sentido à sua vida. Urano começa a retrogradar no dia 16, atrapalhando seus interesses. Foco em suas atividades: há risco de imprevistos. Mês intenso e quente na paixão. **Números:** 03, 57, 66, 39, 12 e 48. **Cores:** verde e branco.

CAPRICÓRNIO

O trabalho poderá passar por mudanças. Dinheiro estimulado nas primeiras semanas. Risco de instabilidades no lar. A partir do dia 7, há sinal de boas surpresas com alguém de longe. Na união, terá mais alegria e prazer entre os dias 8 e 18. **Números:** 31, 49, 58, 85, 76 e 13. **Cores:** preto e prata.

AQUÁRIO

O Sol leonino iluminará seus relacionamentos. Novas amizades a caminho. No dia 3, a Lua entra na fase Cheia em seu signo e você estará com tudo na carreira. Poderá assumir compromisso com alguém. Com o par, relação protegida e harmoniosa. **Números:** 32, 59, 41, 50, 68 e 77. **Cores:** verde e marrom.

PEIXES

Dará o seu melhor para conseguir o que quer, sobretudo na profissão. Sua saúde se fortalecerá e não faltará motivação para sair da sua zona de conforto. Cautela com intrigas na segunda quinzena. Um amor pode chegar. Romance e sexo protegidos. **Números:** 33, 15, 69, 60, 87 e 24. **Cores:** laranja e lilás.

SETEMBRO

ÁRIES
Júpiter promete reconhecimento, progresso e conquistas após o dia 13. As finanças também estarão estimuladas. Vênus revela que seus encantos poderão atrair o amor dos seus sonhos. União firme está a caminho. Mas há risco de instabilidades no sexo. **Números:** 23, 41, 77, 59, 05 e 68. **Cores:** rosa e verde.

TOURO
O Sol em seu paraíso astral garantirá sorte em sua vida e um mês especial com a família. Poderá atrair quem deseja ou se surpreender com alguém que já conhece. Há sinal de altos e baixos no romance. Após o dia 5, talvez comece um trabalho que renderá um bom dinheiro. **Números:** 06, 15, 96, 51, 87 e 42. **Cores:** marrom e verde.

GÊMEOS
Mercúrio, que é regente do seu signo, ingressa em seu paraíso astral no dia 5 e abrirá seus caminhos, principalmente com relação a dinheiro, assuntos familiares e sentimentais. A partir do dia 13, o relacionamento estará harmonioso. Porém, há risco de surgirem atritos com amigos após o dia 10. **Números:** 43, 16, 88, 79, 07 e 34. **Cores:** rosa e preto.

CÂNCER
Contará com agilidade, foco e disciplina para brilhar no trabalho, só atenção com a concorrência e atritos com chefes. Conselhos de parentes poderão ajudar a tomar decisões. Sinal verde para a paquera. Deixe as diferenças de lado na união. **Números:** 98, 80, 26, 53, 71 e 17. **Cores:** vermelho e cinza.

LEÃO
Chegou a hora de investir em tudo o que proporcione estabilidade. Após o dia 13, terá êxito profissional. Atenção em viagens. Poderá aumentar a renda com bicos e serviços terceirizados. Na paixão, Vênus em seu signo e realçará seu magnetismo. **Números:** 00, 09, 45, 27, 81 e 36. **Cores:** branco e laranja.

VIRGEM
Esbanjará energia, brilho e determinação. Poderá se dar bem em novos desafios, principalmente na carreira. Assuntos de dinheiro be-

neficiados no início e fim do mês. Conquista amorosa e convívio com parentes ficarão mais protegidos após o dia 13. **Números:** 37, 73, 46, 10, 82 e 19. **Cores:** pink e prata.

LIBRA

Com o Sol em seu inferno astral, talvez se afaste dos agitos e de certas pessoas. Mas Mercúrio entrará em seu signo no dia 5 e animará seus contatos. No dia 6, é a vez de Vênus trazer novos ventos. Poderá se apaixonar por alguém que conhece. **Números:** 38, 65, 02, 74, 92 e 47. **Cores:** roxo e rosa.

ESCORPIÃO

Ótimo mês para realizar sonhos profissionais. Mas cautela com negociações, papelada e contrato após o dia 5. Contatos com parentes, colegas e vizinhos mais positivos a partir do dia 13. Controle a pressa e suas reações no trabalho. Sucesso na paixão. **Números:** 30, 57, 93, 03, 84 e 48. **Cores:** laranja e bege.

SAGITÁRIO

Você verá os frutos do seu empenho em setembro. No dia 13, Júpiter retoma o curso direto em sua Casa da Fortuna e sua sorte voltará com tudo. Dinheiro que não contava poderá chegar. Só não espere muito da conquista. Já o romance proporcionará alegrias. **Números:** 13, 85, 22, 04, 31 e 40. **Cores:** amarelo e preto.

CAPRICÓRNIO

Estudos e viagens protegidos. No trabalho, chances de sucesso deverão crescer após o dia 5. Poderá receber a ajuda de pessoa inesperada ou resolver um problema que se arrasta. Vênus promete uma atração irresistível. Romance secreto talvez comece. **Números:** 41, 14, 05, 32, 77 e 59. **Cores:** rosa e branco.

AQUÁRIO

Não adie decisões e cuide melhor das suas finanças. No lar, clima bom nas primeiras semanas, só cautela com discussões após o dia 10. O período mais positivo para as amizades começará no dia 13. Casamento favorecido e união intensa, ainda mais nas transas. **Números:** 42, 15, 78, 33, 06 e 24. **Cores:** lilás e dourado.

PEIXES

Seu lado competente e seu profissionalismo vão sobressair no ambiente de trabalho. Mas, instabilidades vão rondar a partir do dia 10. Há sinal de gastos com a saúde. No amor, alguém que conhece deve mexer com suas emoções e propor namoro. O Sol estimulará e blindará a união. **Números:** 97, 88, 70, 43, 52 e 79. **Cores:** marrom e dourado.

OUTUBRO

ÁRIES
Plutão destravará questões ligadas a chefes, promoção ou mudança de emprego. Mercúrio pedirá atenção em suas tarefas após o dia 14. O mês começa bem na paquera e no romance. Porém, assuntos cotidianos e de trabalho talvez diminuam o convívio com quem ama. **Números:** 15, 51, 60, 24, 42 e 96. **Cores:** dourado e branco.

TOURO
Sua dedicação no trabalho poderá abrir novas portas. Clima de harmonia com os familiares. Mês de sorte com grana. Namoro recente deve ficar mais sério. Entrosamento com quem ama nas primeiras semanas, já o ciúme poderá atrapalhar entre os dias 14 e 27. **Números:** 97, 07, 61, 52, 16 e 79. **Cores:** lilás e vinho.

GÊMEOS
O Sol brilha em sua Casa da Conquista. Procure dar atenção aos seus palpites e intuições, pois há chance de ganhar dinheiro. Assunto parado destravará após o dia 5. Pode se apaixonar por alguém que combina com você. União mais feliz no fim do mês. **Números:** 44, 71, 53, 26, 98 e 08. **Cores:** cinza e amarelo.

CÂNCER
Interesses familiares protegidos. Na carreira, a Lua Cheia mandará ótimas energias na primeira semana. Algo que fizer em casa poderá dar lucro. Na paquera, Vênus e Mercúrio farão seu magnetismo brilhar. Na relação, mais entrosamento após o dia 5. **Números:** 54, 09, 63, 72, 27 e 36. **Cores:** laranja e preto.

LEÃO
Sua energia mental e versatilidade estarão em alta. Terá sucesso nos estudos. Ótimo mês nas finanças. No dia 5, Plutão retorna ao curso direto e promete boas energias na profissão. O ciúme dará as caras na união. Há sinal de desencontros na conquista. **Números:** 28, 64, 82, 01, 55 e 10. **Cores:** amarelo e prata.

VIRGEM
Talentos manuais e artísticos em destaque. Saturno volta ao curso normal em seu paraíso astral e indica prosperidade, sorte e alegria.

No trabalho, cautela na segunda quinzena. Vênus brilhará em seu signo entre os dias 2 e 27: surpresas boas no amor. **Números:** 20, 74, 56, 02, 83 e 38. **Cores:** azul e creme.

LIBRA

Esbanjando simpatia, você atrairá novas amizades. Plutão, que retoma o curso direto neste mês, trará tranquilidade para o lar e a família. Trabalho extra promete bons resultados. A vida amorosa poderá trazer decepções, mas melhora no fim do mês. **Números:** 93, 57, 39, 66, 30 e 03. **Cores:** bege e vinho.

ESCORPIÃO

Mercúrio retrógrado poderá atrapalhar seus interesses. Atenção com seus recursos. Altos e baixos nas relações sociais. Evite confiar muito nos outros. Na dúvida, ouça sua intuição. Já no amor, sorte. Um sonho pode se realizar entre os dias 2 e 27. **Números:** 58, 22, 04, 76, 49 e 67. **Cores:** preto e lilás.

SAGITÁRIO

A partir do dia 2, poderá crescer na carreira ou conseguir uma vaga desejada. No dia 5, Saturno destrava os assuntos materiais e tudo fluirá bem nas finanças. Na segunda quinzena de outubro, cautela com fofocas, quebra de sigilo e confiança. O amor pode enfrentar dificuldades.

Números: 05, 68, 95, 86, 14 e 77. **Cores:** azul e pink.

CAPRICÓRNIO

O Sol brilha no ponto mais alto do seu Horóscopo e você poderá subir na carreira. No dia 5, Plutão volta ao curso direto em seu signo e avisa: lute e realizará sonhos. Após o dia 14, Mercúrio recomenda cautela com informações e viagens. Vida amorosa estimulada. **Números:** 51, 60, 24, 15, 42 e 33. **Cores:** verde e azul.

AQUÁRIO

Encontros poderão trazer mudanças e bons estímulos para sua vida. A primeira semana será a melhor para buscar trabalho. Mas diminua o ritmo para manter seu bem-estar entre os dias 8 e 15. Há sinal de atração por alguém popular. Boas novidades na união. **Números:** 52, 70, 88, 34, 79 e 07. **Cores:** preto e rosa.

PEIXES

Poderá resolver coisas importantes ligadas a bens, parentes, pensão ou impostos. Mas controle os gastos no fim do mês. Entre os dias 14 e 27, cautela com viagens e deslocamentos. Vênus abrirá seus caminhos na conquista e favorecerá compromisso sério. **Números:** 26, 35, 17, 89, 53 e 44. **Cores:** preto e pink.

NOVEMBRO

ÁRIES
O Sol sinaliza mudanças e desapegos, mas Mercúrio e Marte voltam ao curso direto e facilitarão tudo. Após o dia 14, contará com mais energia para começar coisas novas. Poderá iniciar um romance sério até o dia 20. Paixão e sexo intensos na última semana. **Números:** 52, 43, 61, 07, 97 e 25. **Cores:** pink e preto.

TOURO
Poderá firmar parcerias importantes. No dia 4, Mercúrio retoma o curso direto em sua Casa do Trabalho e incentiva suas iniciativas e progresso material. Após o dia 10, conquista deve virar lance firme rapidamente. Com o par, o clima deve melhorar no sexo. **Números:** 89, 62, 35, 17, 53 e 98. **Cores:** vermelho e cinza.

GÊMEOS
Comprometimento e empenho no trabalho renderão frutos. Há chance de conseguir uma boa colocação. Ótimo mês para cuidar do organismo, ainda mais até o dia 20. Vida social mais animada após o dia 14. Seu charme e bom papo farão sucesso na conquista. **Números:** 18, 09, 45, 36, 63 e 99. **Cores:** azul e laranja.

CÂNCER
Com o Sol em seu paraíso astral, você terá sorte, alegria e aventura. Tudo fluirá melhor com a família após o dia 4. Na carreira, cautela com disputas e impaciência. Mais êxito depois do dia 13. Mercúrio garante sucesso na conquista a partir do dia 10: puxe papo. **Números:** 37, 10, 91, 82, 55 e 64. **Cores:** bege e verde.

LEÃO
Assuntos familiares e do passado influenciarão seu astral. Preocupações com dinheiro devem diminuir. Evite mudar a rotina de trabalho. Namoro a distância estimulado na segunda quinzena. No dia 21, o Sol entra em sua Casa do Prazer: alegrias no amor. **Números:** 29, 83, 74, 38, 47 e 20. **Cores:** cinza e azul.

VIRGEM
Terá atenção em tudo e, além de facilidade para argumentar e convencer. Sucesso em atividades que envolvam comunicação e transmis-

são de conhecimentos. Não decida nem assine nada por impulso. União ciumenta na primeira quinzena. Paquera pode virar namoro. **Números:** 30, 39, 48, 21, 12 e 66. **Cores:** branco e amarelo.

LIBRA

As oportunidades de ganhar dinheiro crescerão e você saberá equilibrar o orçamento. Hora de explorar seu faro para negociar e usar sua criatividade. Divergências poderão crescer com parentes e a pessoa amada nas primeiras semanas. Tenha jogo de cintura. **Números:** 85, 13, 40, 94, 22 e 67. **Cores:** amarelo e preto.

ESCORPIÃO

O Sol em seu signo traz promessas de progresso, energias novas e oportunidades, sobretudo na carreira. Mercúrio pede prudência nas finanças, mas tudo melhora a partir do dia 10. Paixão mais positivia após o dia 20. Até lá, cautela com perrengues e dramas. **Números:** 14, 23, 59, 86, 77 e 95. **Cores:** rosa e azul-claro.

SAGITÁRIO

Pressões e imprevistos poderão mexer com seu astral e energia. Desacelere o ritmo. As finanças estarão em alta, mas talvez se aborreça no trabalho. No amor, as primeiras semanas podem decepcionar. A con-

quista brilhará após o dia 14. União estimulada. **Números:** 60, 87, 15, 51, 78 e 24. **Cores:** lilás e verde-claro.

CAPRICÓRNIO

Os astros reforçarão seu lado sociável e companheiro. Novas amizades tendem a surgir. Poderá ter vitórias no trabalho e assumir um cargo de liderança, sobretudo na primeira quinzena. Fase mais positiva no amor após o dia 21, e chance de realizar um sonho. **Números:** 16, 34, 43, 70, 52 e 07. **Cores:** marrom e lilás.

AQUÁRIO

Vários astros se reunião no ponto mais alto do seu Horóscopo e você terá tudo para brilhar. A partir do dia 10, poderá alcançar vitórias e até subir de cargo. As finanças devem melhorar no fim do mês. Romance tende a passar por mudanças, mas serão boas. **Números:** 17, 98, 62, 44, 35 e 26. **Cores:** vermelho e branco.

PEIXES

Terá chances de progresso através de pessoas e assuntos diferentes. Chance de receber proposta de trabalho em outra cidade. No dia 14, Marte volta ao curso direto em sua Casa da Fortuna e melhora as finanças. Poderá se apaixonar. Mês ideal para viagem a dois. **Números:** 00, 90, 09, 54, 72 e 81. **Cores:** amarelo e roxo.

DEZEMBRO

ÁRIES
Saturno e Júpiter entram em sua 11ª Casa: você poderá realizar projetos, planos e sonhos, inclusive na carreira. Há chance de fazer uma viagem com pessoas queridas. Após o dia 15, Vênus indica que alguém que tem tudo para ser sua alma gêmea deve surgir. **Números:** 44, 98, 53, 71, 80 e 89. **Cores:** prata e vermelho.

TOURO
Estará mais exigente, além de impaciente com o que limitar sua liberdade e realização pessoal. Após o dia 19, Júpiter promete sorte e prosperidade na profissão. Seu poder de sedução ficará em alta e há chance de rolar uma química forte com alguém. **Números:** 00, 90, 09, 18, 63 e 54. **Cores:** prata e amarelo.

GÊMEOS
Saturno e Júpiter ingressam em Aquário, trazendo boas energias para suas finanças e seus relacionamentos. Poderá obter sucesso em algo que terá vontade de iniciar. Paixão recente deve ficar séria na segunda quinzena do mês. Viagem com o par será como uma lua de mel. **Números:** 82, 28, 46, 55, 91 e 64. **Cores:** branco e vinho.

CÂNCER
A concentração planetária em sua 6ª Casa anuncia um fim de ano agitado no trabalho. Passeios e viagens animarão a vida familiar até o dia 14. Talvez tenha que fazer concessões no lar durante a época das festas. Sucesso no amor. Sexo terá mais destaque na vida a dois. **Números:** 11, 47, 83, 38, 29 e 02. **Cores:** prata e roxo.

LEÃO
Sua energia deverá surpreender neste mês. Seu brilho e otimismo atrairão amizades e até admiradores. Proposta de trabalho ou sociedade poderá abrir portas na segunda quinzena. Clima de felicidade com familiares, amigos e a pessoa amada na época das festas. **Números:** 75, 66, 84, 30, 21 e 03. **Cores:** roxo e branco.

VIRGEM
No trabalho, poderá enfrentar aborrecimentos, mas terá sorte após o dia 17. Há chance de aumentar a

renda com encomendas natalinas, produtos artesanais e coisas feitas em casa. Parentes te requisitarão mais. Na paixão, alguém pode se declarar. Cumplicidade na união. **Números:** 40, 94, 49, 76, 67 e 22. **Cores:** azul-marinho e bege.

LIBRA

Saturno e Júpiter vão entrar em seu paraíso astral, o setor mais positivo do Zodíaco, e tudo caminhará com mais facilidade. Harmonia e boas novidades com parentes mais velhos, irmãos, primos, tios e pessoas queridas. Sorte nas finanças e vida amorosa. **Números:** 05, 14, 23, 59, 32 e 86. **Cores:** verde-escuro e creme.

ESCORPIÃO

Até o dia 19, cargo desejado ou possibilidade de ampliar sua renda através de um trabalho extra poderá surgir. Na segunda quinzena, Júpiter e Saturno trarão surpresas para a vida familiar e doméstica. No amor, seu charme estará forte e renderá paquera. **Números:** 06, 60, 24, 87, 96 e 51. **Cores:** branco e amarelo.

SAGITÁRIO

Sol e Mercúrio estarão em seu signo e indicam novidades. Visitas e reencontros com pessoas queridas te animarão. Entre os dias 14 e 20, a Lua Cheia trará pique para resolver pendências. Amizades positivas após o dia 15. Um amor deve chegar junto com as festas. **Números:** 88, 07, 70, 79, 25 e 43. **Cores:** branco e marrom.

CAPRICÓRNIO

Há risco de tensões nas primeiras semanas e você precisará se empenhar bastante. Já após o dia 18, terá novidades. Saturno e Júpiter ingressam em sua Casa do Dinheiro, abrindo uma fase próspera. No amor, a primeira quinzena será mais positiva e feliz. **Números:** 80, 53, 17, 44, 98 e 62. **Cores:** pink e prata.

AQUÁRIO

Terá chances de atingir metas e ambições. Júpiter ingressa em seu signo no dia 19 e indica uma fase de sorte, fartura e realização de esperanças que seguirá até o próximo ano. Forte união com a família e o par. Poderá se apaixonar por uma pessoa amiga. **Números:** 72, 99, 45, 00, 63 e 09. **Cores:** prata e amarelo.

PEIXES

Com o Sol em sua 10ª Casa, não faltará energia para mostrar serviço e ganhar reconhecimento. As finanças devem fluir bem. Após o dia 18, pode enfrentar contratempos e talvez precise adiar planos. Conquista favorecida no amor. Companheirismo e lealdade na união. **Números:** 55, 82, 73, 64, 46 e 01. **Cores:** prata e vinho.

PANORAMA DE 2020

Os horários das tabelas a seguir foram calculados levando em consideração o fuso horário de Brasília. Quem mora em um território com fuso horário diferente deverá ajustar a hora dos calendários de acordo com o horário local. Além disso, em 2020, não haverá horário de verão em nenhuma região do Brasil.

ENTRADA DO SOL NOS SIGNOS EM 2020			
Data	**Hora**	**Signo**	**Entrada das estações do ano**
20 de janeiro de 2020	11h55	Sol em Aquário	
19 de fevereiro de 2020	01h57	Sol em Peixes	
20 de março de 2020	00h49	Sol em Áries	Equinócio da primavera no hemisfério norte Equinócio de outono no hemisfério sul
19 de abril de 2020	11h45	Sol em Touro	
20 de maio de 2020	10h49	Sol em Gêmeos	
20 de junho de 2020	18h44	Sol em Câncer	Solstício de verão no hemisfério norte Solstício de inverno no hemisfério sul
22 de julho de 2020	05h37	Sol em Leão	
22 de agosto de 2020	12h45	Sol em Virgem	
22 de setembro de 2020	10h31	Sol em Libra	Equinócio de outono no hemisfério norte Equinócio de primavera no hemisfério sul
22 de outubro de 2020	19h59	Sol em Escorpião	
21 de novembro de 2020	17h40	Sol em Sagitário	
21 de dezembro de 2020	07h02	Sol em Capricórnio	Solstício de inverno no hemisfério norte Solstício de verão no hemisfério sul

A ENTRADA DO SOL NOS SIGNOS

As datas dos signos foram fixadas pelos astrólogos para que as pessoas pudessem identificar facilmente a qual signo pertenciam. Esses períodos foram determinados com base no trânsito do Sol, que demora cerca de 30 dias para atravessar os 30 graus de cada signo. Dessa forma, após percorrer os doze signos, o astro-rei completa uma volta no Zodíaco.

Porém, a cada ano, o dia de entrada do Sol nos signos pode variar em até dois dias antes ou depois das datas convencionadas. Por isso, a cada ano, poderão não bater com as datas dos signos como normalmente conhecemos.

AS ESTAÇÕES DO ANO

Os princípios astrológicos foram fundados a partir da observação da natureza, de seus ciclos e do céu. Os antigos dividiram o calendário solar em 12 meses, e o Zodíaco, que refletia a trajetória do Sol, recebeu a mesma divisão: 12 Casas Astrais e 12 signos. Assim, 30 graus do Zodíaco equivalem a 30 dias (um signo); 3 signos equivalem a 3 meses que é a duração de uma estação.

• **Equinócio:** significa que os dias e as noites têm a mesma duração (12 horas). Esse fenômeno acontece apenas duas vezes ao ano e marca as mudanças das estações. Entre os dias 20 e 21 de março, tem início a primavera no hemisfério norte e o outono no hemisfério sul; entre os dias 22 e 23 de setembro, ocorre o contrário, o outono no hemisfério sorte e a primavera no hemisfério sul.

• **Solstício:** acontece quando há maior ou menor luz solar em um dos hemisférios, definindo a entrada do verão (o dia é maior que a noite) e do inverno (o dia é menor que a noite). Entre os dias 21 e 22 de dezembro, ocorre o solstício de verão no hemisfério sul e o solstício de inverno no hemisfério norte. Entre os dias 21 e 22 de junho, inicia-se o solstício de verão no hemisfério norte e o solstício de inverno no hemisfério sul.

Eclipses

ECLIPSE SOLAR

O eclipse solar acontece quando há um alinhamento entre a Terra, a Lua e o Sol, de maneira que a Lua fica entre (no meio) a Terra e o Sol. Assim, a Lua cobre totalmente ou parcialmente a luminosidade solar. Existem quatro tipos de eclipses, mas, em 2020, teremos apenas dois: um eclipse solar total e um eclipse solar anular.

• **Eclipse solar total:** acontece quando a Lua encobre totalmente o

Sol. Durante esse fenômeno, o dia vira noite.

• **Eclipse solar anular:** ocorre quando a Lua está a uma distância maior da Terra e, por isso, não consegue cobrir todo o Sol. Assim, forma-se um anel de luz em torno da sombra da Lua.

ECLIPSES DO SOL EM 2020		
Data	**Hora**	**Aspecto**
21 de junho de 2020	06h41	Eclipse solar anular em Câncer
14 de dezembro de 2020	16h15	Eclipse solar total em Sagitário

ECLIPSE LUNAR

O eclipse lunar acontece quando há um alinhamento entre a Lua, a Terra e o Sol, de modo que a Terra fica entre (no meio) a Lua e o Sol. Com isso, a Lua é encoberta totalmente ou parcialmente pela sombra da Terra. Existem três tipos de eclipses lunares, porém, em 2020, teremos apenas o eclipse penumbral.

• **Eclipse penumbral:** ocorre quando a Lua passa pela faixa de penumbra da Terra, ficando apenas parcialmente escurecida. A Lua perde um pouco do seu brilho, mas não chega a ser encoberta.

ECLIPSES DA LUA EM 2020		
Data	**Hora**	**Aspecto**
10 de janeiro de 2020	19h11	Eclipse lunar penumbral em Câncer
05 de junho de 2020	19h26	Eclipse lunar penumbral em Sagitário
05 de julho de 2020	04h31	Eclipse lunar penumbral em Capricórnio
30 de novembro de 2020	09h44	Eclipse lunar penumbral em Gêmeos

A Lua em 2020

A Lua é o astro que se movimenta com mais rapidez no nosso sistema solar. Em cerca de 28 dias, ela dá uma volta completa em torno da Terra. Assim, num período de aproximadamente 7 dias, a Lua muda de fase. Seu ciclo mensal envolve a fase Nova, vai para a Crescente, depois para a Cheia, passa para a Minguante, volta para a Nova, e assim sucessivamente.

Além de ter relação com as emoções e sentimentos, a Lua exerce uma poderosa influência no homem e na natureza. Em cada uma das fases lunares, sua energia pode afetar de forma favorável ou não a vida na Terra.

LUA NOVA

É a fase que dá início ao ciclo lunar, ou seja, é o começo de uma nova época. Essa Lua traz à tona os segredos que as pessoas guardam, desperta sentimentos escondidos e favorece a tomada de novos rumos na vida.

• **Boa fase para:** iniciar um romance, embora tenda a ser mais prazeroso que duradouro; começar um negócio; colocar projetos profissionais em prática; contar com a colaboração das pessoas e trabalhar em equipe; tomar decisões; cortar o cabelo para que cresça mais saudável e menos volumoso; fazer orações; engravidar; relacionar-se com a família; iniciar uma poupança; curtir a intimidade, que fica mais romântica.

• **Cautela:** cansaço, insônia e dores são comuns; desânimo e falta de energia podem afetar organismos sensíveis; não é uma boa fase para fazer dívidas, investimentos ousados ou trocar de emprego.

LUA CRESCENTE

É o momento em que temos mais coragem e muitos sonhos são traçados. O que plantar agora poderá ser colhido só nas próximas fases. Excelente fase para resolver problemas de todos os tipos.

• **Boa fase para:** tomar iniciativas e investir no que deseja; começar um romance, pois tende a ser duradouro; ir a entrevistas de emprego; contar com seu bom senso para avaliar planos e ver se é hora de mudar de tática; trabalhar com vendas, exposições, lançamento de produtos; acordos e parcerias; mudar radicalmente de visual; tratamentos de beleza; iniciar uma dieta alimentar; resolver mal-entendidos e impasses.

• **Cautela:** fique longe de fofocas, pois as notícias e os comentários caminham mais rápido nesta época; pense e planeje cada detalhe dos seus projetos para que eles deem certo.

LUA CHEIA

É uma fase de força, energia plena e beleza, mas também de emoções intensas. Os dias de Lua Cheia costumam trazer muita sorte e estimular o romantismo nas pessoas.

• **Boa fase para:** o amor e a intimidade, já que o magnetismo das pessoas se ressalta, a energia sexual fica poderosa e os encontros íntimos prometem muito prazer; a área comercial é bastante beneficiada;

os êxitos profissionais ficam mais evidentes, porém os fracassos também; cortar o cabelo, caso deseje que ele fique mais volumoso; engravidar, porque a fertilidade feminina é maior; abandonar vícios.

• **Cautela:** com o estresse, brigas por causa de ciúme, alta velocidade ou bebidas; não é hora de pedir aumento salarial; se possível, adie cirurgias ou extrações dentárias, há mais risco de sangramento.

LUA MINGUANTE

É um período para se recolher e dar uma pausa, guardando as energias e deixando as mudanças para a próxima fase. O clima é mais tranquilo e os dias são menos tumultuados. A Lua Minguante beneficia o término do que já foi iniciado.

• **Boa fase para:** romper um relacionamento; investir em projetos profissionais que já estão em andamento, em vez de iniciar novas ideias; repensar planos que não estão dando certo, buscando mudar de estratégia; avaliar os resultados do seu empenho e procurar se adaptar à realidade; dietas para emagrecimento, tinturas, depilação, limpeza de pele e tratamentos estéticos são favorecidos; cortar os fios para conservar o corte de cabelo.

• **Cautela:** evite pensamentos ou desejos negativos; não é hora para transformações; é preciso falar e agir com cuidado, pois há risco de atritos com amigos; não assuma responsabilidades além do que pode cumprir.

LUA AZUL

A Lua Azul acontece em média, a cada dois anos e meio. Ela representa a segunda Lua Cheia a brilhar em um único mês. Em 2020, a Lua Azul ocorrerá no dia 31 de outubro, quando a ela entrará na fase Cheia no signo de Touro.

O nome Lua Azul é apenas uma inspiração e o astro não terá tonalidade azulada. Mas será uma excelente oportunidade para as pessoas aproveitarem os bons fluidos que virão do céu, já que a Lua Azul potencializa a intuição, favorece a espiritualidade e a realização de desejos.

Celebrada pelos místicos como um acontecimento especial, a Lua Azul é propícia para a elaboração de magias por causa da sua forte concentração de energia. Os pedidos feitos sob essa influência são atendidos mais rapidamente. A intenção pode ser de qualquer natureza, mas, como acontecerá em Touro, favorecerá particularmente os rituais para chamar dinheiro, melhorar a vida financeira e atrair sorte no aspecto material.

CALENDÁRIO 2020

JANEIRO

DOM	SEG	TER	QUA	QUI	SEX	SÁB
			1	2	3	4
5	6	7	8	9	10	11
12	13	14	15	16	17	18
19	20	21	22	23	24	25
26	27	28	29	30	31	

Cres. 3 01h47 — Cheia 10 16h23 — Ming. 17 10h00 — Nova 24 18h43

FEVEREIRO

DOM	SEG	TER	QUA	QUI	SEX	SÁB
						1
2	3	4	5	6	7	8
9	10	11	12	13	14	15
16	17	18	19	20	21	22
23	24	25	26	27	28	29

Cres. 1 22h43 — Cheia 9 04h35 — Ming. 15 19h19 — Nova 23 12h33

MARÇO

DOM	SEG	TER	QUA	QUI	SEX	SÁB
1	2	3	4	5	6	7
8	9	10	11	12	13	14
15	16	17	18	19	20	21
22	23	24	25	26	27	28
29	30	31				

Cres. 2 16h59 — Cheia 9 14h49 — Ming. 16 06h36 — Nova 24 06h30

ABRIL

DOM	SEG	TER	QUA	QUI	SEX	SÁB
			1	2	3	4
5	6	7	8	9	10	11
12	13	14	15	16	17	18
19	20	21	22	23	24	25
26	27	28	29	30		

Cres. 1 07h23 — Cheia 7 23h36 — Ming. 14 19h57 — Nova 22 23h27 — Cres. 30 17h40

MAIO

DOM	SEG	TER	QUA	QUI	SEX	SÁB
					1	2
3	4	5	6	7	8	9
10	11	12	13	14	15	16
17	18	19	20	21	22	23
24	25	26	27	28	29	30
31						

Cheia 7 07h46 — Ming. 14 11h04 — Nova 22 14h40 — Cres. 30 00h31

JUNHO

DOM	SEG	TER	QUA	QUI	SEX	SÁB
	1	2	3	4	5	6
7	8	9	10	11	12	13
14	15	16	17	18	19	20
21	22	23	24	25	26	27
28	29	30				

Cheia 5 16h14 — Ming. 13 03h25 — Nova 21 03h43 — Cres. 28 05h17

JULHO

DOM	SEG	TER	QUA	QUI	SEX	SÁB
			1	2	3	4
5	6	7	8	9	10	11
12	13	14	15	16	17	18
19	20	21	22	23	24	25
26	27	28	29	30	31	

Cheia 5 01h46 — Ming. 12 20h30 — Nova 20 14h34 — Cres. 27 09h34

AGOSTO

DOM	SEG	TER	QUA	QUI	SEX	SÁB
						1
2	3	4	5	6	7	8
9	10	11	12	13	14	15
16	17	18	19	20	21	22
23	24	25	26	27	28	29
30	31					

Cheia 3 13h00 — Ming. 11 13h46 — Nova 18 23h43 — Cres. 25 14h59

SETEMBRO

DOM	SEG	TER	QUA	QUI	SEX	SÁB
		1	2	3	4	5
6	7	8	9	10	11	12
13	14	15	16	17	18	19
20	21	22	23	24	25	26
27	28	29	30			

Cheia 2 02h23 — Ming. 10 06h27 — Nova 17 08h01 — Cres. 23 22h56

OUTUBRO

DOM	SEG	TER	QUA	QUI	SEX	SÁB
				1	2	3
4	5	6	7	8	9	10
11	12	13	14	15	16	17
18	19	20	21	22	23	24
25	26	27	28	29	30	31

Cheia 1 18h07 — Ming. 9 21h41 — Nova 16 16h32 — Cres. 23 10h24 — Cheia (Azul) 31 11h51

NOVEMBRO

DOM	SEG	TER	QUA	QUI	SEX	SÁB
1	2	3	4	5	6	7
8	9	10	11	12	13	14
15	16	17	18	19	20	21
22	23	24	25	26	27	28
29	30					

Ming. 8 10h47 — Nova 15 02h08 — Cres. 22 01h46 — Cheia 30 06h31

DEZEMBRO

DOM	SEG	TER	QUA	QUI	SEX	SÁB
		1	2	3	4	5
6	7	8	9	10	11	12
13	14	15	16	17	18	19
20	21	22	23	24	25	26
27	28	29	30	31		

Ming. 7 21h38 — Nova 14 13h18 — Cres. 21 20h43 — Cheia 30 00h30

ENTRADA DA LUA NOS SIGNOS EM 2020

Embora não seja um planeta do ponto de vista astronômico, já que é um satélite natural da Terra, a Lua é um dos astros mais importantes da Astrologia, ao lado do Sol. Enquanto o astro-rei é a fonte da vida, a Lua é a fonte das emoções. Além disso, a Lua é o astro mais rápido de todos e exerce forte influência no Horóscopo, especialmente nas previsões diárias. Ela passa cerca de 2 dias e meio em cada signo, levando aproximadamente 28 dias para percorrer os doze signos. Confira a seguir como será a passagem desse astro pelo Zodíaco em 2020.

JANEIRO

Data	Entrada	Signo
02/01/2020	01h01	Áries
04/01/2020	13h16	Touro
06/01/2020	23h11	Gêmeos
09/01/2020	05h44	Câncer
11/01/2020	09h17	Leão
13/01/2020	11h06	Virgem
15/01/2020	12h44	Libra
17/01/2020	15h21	Escorpião
19/01/2020	19h41	Sagitário
22/01/2020	02h00	Capricórnio
24/01/2020	10h21	Aquário
26/01/2020	20h44	Peixes
29/01/2020	08h51	Áries
31/01/2020	21h28	Touro

FEVEREIRO

Data	Entrada	Signo
03/02/2020	08h29	Gêmeos
05/02/2020	16h03	Câncer
07/02/2020	19h45	Leão
09/02/2020	20h39	Virgem
11/02/2020	20h38	Libra
13/02/2020	21h38	Escorpião
16/02/2020	01h07	Sagitário
18/02/2020	07h37	Capricórnio
20/02/2020	16h42	Aquário
23/02/2020	03h38	Peixes
25/02/2020	15h48	Áries
28/02/2020	04h30	Touro

MARÇO

Data	Entrada	Signo
01/03/2020	16h21	Gêmeos
04/03/2020	01h26	Câncer
06/03/2020	06h28	Leão
08/03/2020	07h48	Virgem
10/03/2020	07h03	Libra
12/03/2020	06h29	Escorpião
14/03/2020	08h10	Sagitário
16/03/2020	13h26	Capricórnio
18/03/2020	22h17	Aquário
21/03/2020	09h34	Peixes
23/03/2020	21h59	Áries
26/03/2020	10h37	Touro
28/03/2020	22h39	Gêmeos
31/03/2020	08h44	Câncer

ABRIL

Data	Entrada	Signo
02/04/2020	15h27	Leão
04/04/2020	18h19	Virgem
06/04/2020	18h17	Libra
08/04/2020	17h17	Escorpião
10/04/2020	17h36	Sagitário
12/04/2020	21h06	Capricórnio
15/04/2020	04h38	Aquário
17/04/2020	15h30	Peixes
20/04/2020	04h01	Áries
22/04/2020	16h36	Touro
25/04/2020	04h20	Gêmeos
27/04/2020	14h28	Câncer
29/04/2020	22h07	Leão

MAIO

Data	Entrada	Signo
02/05/2020	02h36	Virgem
04/05/2020	04h10	Libra
06/05/2020	04h05	Escorpião
08/05/2020	04h16	Sagitário
10/05/2020	06h39	Capricórnio
12/05/2020	12h39	Aquário
14/05/2020	22h25	Peixes
17/05/2020	10h36	Áries
19/05/2020	23h11	Touro
22/05/2020	10h36	Gêmeos
24/05/2020	20h09	Câncer
27/05/2020	03h34	Leão
29/05/2020	08h41	Virgem
31/05/2020	11h38	Libra

JUNHO

Data	Entrada	Signo
02/06/2020	13h06	Escorpião
04/06/2020	14h17	Sagitário
06/06/2020	16h45	Capricórnio
08/06/2020	21h55	Aquário
11/06/2020	06h32	Peixes
13/06/2020	18h03	Áries
16/06/2020	06h36	Touro
18/06/2020	18h00	Gêmeos
21/06/2020	03h02	Câncer
23/06/2020	09h34	Leão
25/06/2020	14h05	Virgem
27/06/2020	17h17	Libra
29/06/2020	19h48	Escorpião

JULHO

Data	Entrada	Signo
01/07/2020	22h21	Sagitário
04/07/2020	01h48	Capricórnio
06/07/2020	07h09	Aquário
08/07/2020	15h13	Peixes
11/07/2020	02h06	Áries
13/07/2020	14h34	Touro
16/07/2020	02h20	Gêmeos
18/07/2020	11h25	Câncer
20/07/2020	17h17	Leão
22/07/2020	20h40	Virgem
24/07/2020	22h54	Libra
27/07/2020	01h12	Escorpião
29/07/2020	04h25	Sagitário
31/07/2020	08h59	Capricórnio

AGOSTO

Data	Entrada	Signo
02/08/2020	15h11	Aquário
04/08/2020	23h28	Peixes
07/08/2020	10h05	Áries
09/08/2020	22h28	Touro
12/08/2020	10h46	Gêmeos
14/08/2020	20h36	Câncer
17/08/2020	02h39	Leão
19/08/2020	05h21	Virgem
21/08/2020	06h16	Libra
23/08/2020	07h16	Escorpião
25/08/2020	09h49	Sagitário
27/08/2020	14h37	Capricórnio
29/08/2020	21h37	Aquário

SETEMBRO

Data	Entrada	Signo
01/09/2020	06h35	Peixes
03/09/2020	17h22	Áries
06/09/2020	05h44	Touro
08/09/2020	18h28	Gêmeos
11/09/2020	05h23	Câncer
13/09/2020	12h33	Leão
15/09/2020	15h38	Virgem
17/09/2020	15h56	Libra
19/09/2020	15h33	Escorpião
21/09/2020	16h32	Sagitário
23/09/2020	20h17	Capricórnio
26/09/2020	03h08	Aquário
28/09/2020	12h34	Peixes
30/09/2020	23h48	Áries

OUTUBRO

Data	Entrada	Signo
03/10/2020	12h13	Touro
06/10/2020	01h03	Gêmeos
08/10/2020	12h46	Câncer
10/10/2020	21h25	Leão
13/10/2020	01h56	Virgem
15/10/2020	02h54	Libra
17/10/2020	02h06	Escorpião
19/10/2020	01h43	Sagitário
21/10/2020	03h44	Capricórnio
23/10/2020	09h17	Aquário
25/10/2020	18h19	Peixes
28/10/2020	05h45	Áries
30/10/2020	18h19	Touro

NOVEMBRO

Data	Entrada	Signo
02/11/2020	07h00	Gêmeos
04/11/2020	18h46	Câncer
07/11/2020	04h19	Leão
09/11/2020	10h30	Virgem
11/11/2020	13h10	Libra
13/11/2020	13h19	Escorpião
15/11/2020	12h47	Sagitário
17/11/2020	13h35	Capricórnio
19/11/2020	17h25	Aquário
22/11/2020	01h06	Peixes
24/11/2020	12h05	Áries
27/11/2020	00h44	Touro
29/11/2020	13h16	Gêmeos

DEZEMBRO

Data	Entrada	Signo
02/12/2020	00h33	Câncer
04/12/2020	09h53	Leão
06/12/2020	16h47	Virgem
08/12/2020	21h02	Libra
10/12/2020	22h59	Escorpião
12/12/2020	23h42	Sagitário
15/12/2020	00h35	Capricórnio
17/12/2020	03h27	Aquário
19/12/2020	09h39	Peixes
21/12/2020	19h33	Áries
24/12/2020	07h56	Touro
26/12/2020	20h33	Gêmeos
29/12/2020	07h29	Câncer
31/12/2020	15h58	Leão

LUA FORA DE CURSO

Embora seja um satélite da Terra, a Lua tem status de planeta na Astrologia. Como passa apenas dois dias e meio em cada signo, é o mais veloz dos astros, tem impacto maior na vida cotidiana e papel importante nas previsões diárias. Quando ela fica sem fazer aspectos com outros planetas antes de mudar para um novo signo, é considerada Lua vazia ou fora de curso. Em português claro, ela produz uma energia que pode provocar imprevistos, esquecimentos, atrasos e atrapalhar especialmente novas atividades.

Veja algumas recomendações:

☽ Enquanto acontece a pausa da Lua, evite novos compromissos de trabalho e, se puder, adie reuniões. Lançamentos de ideias, produtos e projetos também podem não surtir o efeito desejado.

☽ Pense duas vezes antes de ir às compras. Convém fazer uma lista do que realmente precisa e fugir de gastos supérfluos. Controle as despesas com pulso firme para não se perder.

☽ Na medida do possível, tente não começar atividades diferentes durante a Lua fora de curso. Mantenha as tarefas que fazem parte do seu cotidiano e deixe o que for novo para depois.

☽ A melhor forma de administrar a energia dessa fase é cuidar do que já está programado, acertado e em andamento. Prefira seguir com a sua rotina em vez de se aventurar em assuntos e interesses incertos.

☽ Na saúde, consultas, exames e cirurgias podem não trazer resultados precisos. Se puder escolher, prefira marcar esses compromissos nos horários em que a Lua estiver ativa.

Confira as datas na tabela para saber quando a Lua ficará fora de curso em cada mês de 2020. Assim, será mais fácil programar seu dia a dia, planejar seus compromissos e ter sucesso.

JANEIRO

Começa	Termina
01/01 – 23h14	02/01 – 01h01
03/01 – 22h19	04/01 – 13h16
07/01 – 04h06	07/01 – 23h11
08/01 – 19h16	09/01 – 05h44
10/01 – 20h59	11/01 – 09h17
13/01 – 10h42	13/01 – 11h07
15/01 – 09h13	15/01 – 12h44
17/01 – 09h59	17/01 – 15h21
19/01 – 18h22	19/01 – 19h41
21/01 – 01h46	22/01 – 02h00
24/01 – 23h09	24/01 – 10h21
25/01 – 16h07	26/01 – 20h44
28/01 – 22h09	29/01 – 08h51
31/01 – 12h10	31/01 – 21h28

FEVEREIRO

Começa	Termina
03/02 – 08h28	03/02 – 08h29
05/02 – 11h20	05/02 – 16h03
07/02 – 12h43	07/02 – 19h45
09/02 – 13h09	09/02 – 20h39
11/02 – 15h26	11/02 – 20h38
13/02 – 18h41	13/02 – 21h38
15/02 – 19h20	16/02 – 01h07
18/02 – 06h04	18/02 – 07h37
20/02 – 11h19	20/02 – 16h42
22/02 – 01h09	23/02 – 03h38
25/02 – 11h13	25/02 – 15h48
28/02 – 00h38	28/02 – 04h30

MARÇO

Começa	Termina
01/03 – 12h53	01/03 – 16h21
03/03 – 23h20	04/03 – 01h26
06/03 – 04h12	06/03 – 06h28
08/03 – 05h13	08/03 – 07h48
10/03 – 05h33	10/03 – 07h03
12/03 – 05h12	12/03 – 06h29
14/03 – 07h07	14/03 – 08h10
16/03 – 06h35	16/03 – 13h26
18/03 – 21h49	18/03 – 22h17
20/03 – 06h01	21/03 – 09h34
23/03 – 11h52	23/03 – 21h59
26/03 – 04h17	26/03 – 10h37
28/03 – 20h05	28/03 – 22h39
30/03 – 12h11	31/03 – 08h44

ABRIL

Começa	Termina
02/04 – 13h50	02/04 – 15h27
03/04 – 16h29	04/04 – 18h19
06/04 – 10h30	06/04 – 18h17
08/04 – 09h50	08/04 – 17h17
10/04 – 16h36	10/04 – 17h36
12/04 – 08h47	12/04 – 21h06
14/04 – 20h40	15/04 – 04h38
17/04 – 11h35	17/04 – 15h30
19/04 – 20h32	20/04 – 04h01
22/04 – 09h33	22/04 – 16h36
24/04 – 21h44	25/04 – 04h20
27/04 – 14h01	27/04 – 14h28
29/04 – 16h30	29/04 – 22h07

MAIO

Começa	Termina
01/05 – 13h05	02/05 – 02h36
03/05 – 23h25	04/05 – 04h10
05/05 – 23h31	06/05 – 04h05
07/05 – 23h40	08/05 – 04h16
10/05 – 03h12	10/05 – 06h39
12/05 – 07h30	12/05 – 12h39
14/05 – 11h03	14/05 – 22h25
17/05 – 05h00	17/05 – 10h36
19/05 – 17h33	19/05 – 23h11
22/05 – 05h02	22/05 – 10h36
24/05 – 08h10	24/05 – 20h09
26/05 – 22h07	27/05 – 03h34
28/05 – 10h31	29/05 – 08h41
31/05 – 06h17	31/05 – 11h38

JUNHO

Começa	Termina
02/06 – 07h41	02/06 – 13h06
04/06 – 08h37	04/06 – 14h17
06/06 – 01h11	06/06 – 16h45
08/06 – 15h06	08/06 – 21h55
10/06 – 11h36	11/06 – 06h32
13/06 – 09h45	13/06 – 18h03
15/06 – 21h50	16/06 – 06h36
18/06 – 09h03	18/06 – 18h00
20/06 – 18h42	21/06 – 03h02
23/06 – 04h21	23/06 – 09h34
24/06 – 02h35	25/06 – 14h05
27/06 – 17h02	27/06 – 17h17
29/06 – 10h03	29/06 – 19h48

JULHO	
Começa	Termina
01/07 – 12h20	01/07 – 22h21
03/07 – 10h06	04/07 – 01h48
06/07 – 06h36	06/07 – 07h09
07/07 – 01h38	08/07 – 15h13
11/07 – 00h50	11/07 – 02h06
13/07 – 12h55	13/07 – 14h34
16/07 – 00h22	16/07 – 02h20
17/07 – 18h15	18/07 – 11h25
20/07 – 14h56	20/07 – 17h17
21/07 – 21h28	22/07 – 20h40
24/07 – 20h08	24/07 – 22h54
26/07 – 22h09	27/07 – 01h12
29/07 – 01h02	29/07 – 04h25
30/07 – 21h08	31/07 – 08h59

AGOSTO	
Começa	Termina
02/08 – 11h00	02/08 – 15h11
04/08 – 18h46	04/08 – 23h28
07/08 – 09h54	07/08 – 10h05
09/08 – 16h51	09/08 – 22h28
12/08 – 04h56	12/08 – 10h46
14/08 – 08h20	14/08 – 20h36
16/08 – 21h00	17/08 – 02h39
19/08 – 02h39	19/08 – 05h21
21/08 – 00h37	21/08 – 06h16
23/08 – 01h21	23/08 – 07h16
25/08 – 03h28	25/08 – 09h49
27/08 – 09h00	27/08 – 14h37
29/08 – 16h31	29/08 – 21h37

SETEMBRO	
Começa	Termina
01/09 – 01h57	01/09 – 06h35
03/09 – 11h35	03/09 – 17h22
06/09 – 05h43	06/09 – 05h44
08/09 – 09h47	08/09 – 18h28
11/09 – 01h49	11/09 – 05h23
13/09 – 09h05	13/09 – 12h33
15/09 – 12h10	15/09 – 15h38
17/09 – 08h43	17/09 – 15h56
19/09 – 11h29	19/09 – 15h33
21/09 – 15h13	21/09 – 16h32
23/09 – 14h32	23/09 – 20h17
26/09 – 00h37	26/09 – 03h08
28/09 – 04h18	28/09 – 12h34
30/09 – 14h30	30/09 – 23h48

OUTUBRO	
Começa	Termina
03/10 – 02h48	03/10 – 12h13
05/10 – 15h42	06/10 – 01h03
07/10 – 22h57	08/10 – 12h46
10/10 – 13h05	10/10 – 21h25
12/10 – 11h30	13/10 – 01h56
14/10 – 19h48	15/10 – 02h54
16/10 – 19h12	17/10 – 02h06
18/10 – 17h43	19/10 – 01h43
21/10 – 00h39	21/10 – 03h44
23/10 – 01h35	23/10 – 09h17
24/10 – 18h55	25/10 – 18h19
27/10 – 22h42	28/10 – 05h45
30/10 – 13h14	30/10 – 18h19

NOVEMBRO	
Começa	Termina
01/11 – 23h30	02/11 – 07h00
04/11 – 10h49	04/11 – 18h46
06/11 – 22h26	07/11 – 04h19
09/11 – 08h05	09/11 – 10h30
11/11 – 07h59	11/11 – 13h10
13/11 – 08h33	13/11 – 13h19
15/11 – 08h13	15/11 – 12h47
17/11 – 04h55	17/11 – 13h35
19/11 – 13h31	19/11 – 17h25
20/11 – 21h50	22/11 – 01h06
24/11 – 07h45	24/11 – 12h05
26/11 – 20h46	27/11 – 00h44
29/11 – 09h49	29/11 – 13h16

DEZEMBRO	
Começa	Termina
01/12 – 01h22	02/12 – 00h33
04/12 – 07h30	04/12 – 09h53
05/12 – 19h29	06/12 – 16h47
08/12 – 19h36	08/12 – 21h02
10/12 – 21h57	10/12 – 22h59
12/12 – 22h58	12/12 – 23h42
14/12 – 13h17	15/12 – 00h35
17/12 – 02h35	17/12 – 03h27
19/12 – 05h45	19/12 – 09h39
21/12 – 07h25	21/12 – 19h33
23/12 – 19h52	24/12 – 07h56
26/12 – 08h32	26/12 – 20h33
29/12 – 00h02	29/01 – 07h29
31/12 – 10h46	31/12 – 15h58

HORÓSCOPO DIÁRIO

Considerado um importante guia para a vida cotidiana, o Horóscopo diário analisa todos os passos dos astros no céu em um prazo de 24 horas. Ele interpreta a posição da Lua nos signos, fala das energias que o astro emana e traduz, em um roteiro prático, as influências dos aspectos que ocorrem nesse intervalo de tempo. Além da Lua, o Horóscopo diário contempla os movimentos do Sol, de Mercúrio, Vênus, Marte, Júpiter, Saturno, Urano, Netuno e Plutão. Nas próximas páginas, você acompanhará as novidades, as mudanças e o astral que cada um dos 366 dias do ano irá trazer. Aproveite a jornada e use as previsões para planejar seus interesses em 2020!

JANEIRO ★ ★ ★ ★ ★ ★ ★ ★ ★ ★ ★ ★ ★

01 O feriado será tranquilo, perfeito para relaxar e descansar. A intuição estará aflorada. Conversas favorecidas com os mais velhos. Clima de desejo e carinho no amor e no sexo.

02 Manhã indicada para se dedicar a trabalhos criativos. Porém, Lua e Mercúrio vão se estranhar e pedirão cautela à tarde. Há risco de atritos com chefes. Altos e baixos com o par.

03 Marte ingressa em Sagitário e avisa que mudanças e viagens estarão estimuladas. Tarde propícia para cuidar do corpo e do visual. Mas a noite será tensa nos contatos e na paixão.

04 Atividades físicas serão beneficiadas hoje. No início da tarde, a Lua começa a agir em Touro, realçando o anseio por segurança material e emocional. Astral romântico a dois.

05 Eis um domingo abençoado pelos astros. Aguarde alegrias e ótimas energias no convívio com as pessoas próximas. Terá mais sorte com dinheiro. Novidades nos assuntos do coração.

06 Atenção com a teimosia nas primeiras horas do dia. Por outro lado, se mostrar determinação e responsabilidade, poderá ganhar pontos no trabalho. Noite inspirada com a pessoa amada.

07 Evite decisões impensadas pela manhã, sobretudo ao lidar com as questões financeiras. O dia promete ser produtivo com Capricórnio e Peixes. Astral mais acolhedor na relação afetiva.

08 A Lua passa a circular em Gêmeos e fortalece a sua comunicação pessoal. Contatos animados na vida social e amizades. Noite esplêndida no amor. Terá sinal verde para atrair e conquistar.

09 Bom dia para arrumar a casa, organizar pertences e roupas. Contará com um instinto apurado para administrar seus interesses materiais. No convívio a dois, desejo de colo e proteção.

10 A Lua entra na fase Cheia e faz um eclipse à tarde: convém ficar de antena ligada! Assuntos do passado podem exigir revisão ou superação. Fase instável com os parentes e o par.

11 Sábado animado pelo brilho e astral da Lua leonina. Passeios, divertimentos e encontros prometem ótimos momentos. Porém, controle os gastos. Paixão envolvente!

12 Uma conjunção poderosa em Capricórnio traz mais foco, objetividade e perseverança. Boas relações com pessoas mais velhas e experientes. Clima um tanto reservado no amor.

13 Vênus ingressa hoje em Peixes, estimulando a amabilidade, os laços afetivos e as demonstrações de carinho. Os assuntos do coração vão ficar mais inspirados e românticos.

14 Dia produtivo! Há chance de obter bons resultados no trabalho. No entanto, evite criar muitas expectativas à tarde. Convém evitar confrontos com quem pensa diferente de você.

15 Sol e Lua formam um belo aspecto e mandam proteção extra nesta quarta-feira. Oportunidades virão e há sinal de sucesso no campo profissional. Noite especial na vida amorosa.

16 Excessos podem ser prejudiciais nas primeiras horas do dia. Mas o astral melhora depois. Mercúrio ingressa hoje em Aquário, favorecendo seus planos, contatos e suas amizades.

17 Tensões a vista com várias quadraturas ativas no céu! Não convém dar sopa para o azar nem descuidar dos seus interesses. Altos e baixos nas finanças, nas relações pessoais e até no sexo.

18 O dia começa nervoso, mas deverá fluir bem a partir da metade da manhã. Atividades de lazer, recreações e viagens estarão em destaque. Noite favorável para aproximações e paqueras.

19 Domingo iluminado pelas estrelas! É o momento certo para driblar a rotina, ver e fazer coisas novas. Poderá conhecer pessoas com as quais tende a descobrir muitas afinidades.

20 O Sol ingressará em Aquário às 11h55 e vai trazer um astral mais solto e leve. Boa fase para traçar planos, compartilhar ideias, gostos e interesses. Mais companheirismo com quem ama.

21 Nem tudo será o que parece no começo da manhã. Cautela com enganos, falsas impressões e erros de julgamento. Já a parte da tarde e a noite serão bem mais positivas e harmoniosas.

22 Não faltará criatividade para solucionar impasses, dúvidas e problemas. Dia de rendimento acima da média no ambiente de trabalho. Um astral sério pode atrapalhar a vida amorosa.

23 Lua e Urano recomendam mais atenção aos detalhes e à organização no período da manhã. Mas a tarde será tranquila. A paixão terá momentos especiais. Noite cheia de estímulos a dois.

24 As coisas devem sair conforme

você planeja – aja rápido! Aproveite a manhã para colocar seus objetivos e planos em ação. Astral um pouco confuso à tarde. Clima feliz com o par.

25 Marte estará com a corda toda neste sábado, incentivando suas conquistas pessoais e profissionais. Iniciativas que tomar hoje podem trazer algo que tanto deseja. Paixão animada.

26 Dia perfeito para sair da toca, socializar e reunir pessoas queridas. Aproveite para encontrar parentes e amigos. À noite, a Lua entra em Peixes: as emoções falarão mais alto.

27 Um astral inspirado e harmonioso tomará conta deste dia. Habilidade para criar, cooperar e improvisar. Finanças, assuntos de trabalho e também o amor contarão com bons estímulos.

28 Marte e Netuno se desentendem no céu e alertam: convém ter jogo de cintura, foco e paciência. Mágoas e atritos não estão descartados. Noite bem mais tranquila na vida pessoal.

29 A Lua migra hoje para Áries, traz mais coragem e promete muita vitalidade. Bom momento para começar algo novo. Você terá pique para resolver o que for preciso. Amor vibrante!

30 Manhã de ótimas promessas e vibrações. Dinamismo e espírito empreendedor em alta no serviço. Mas cuidado com extravagâncias a partir da hora do almoço. Noite excitante a dois.

31 Quem brinca com fogo pode se queimar! Ouça o recado dos astros e tenha cautela nos contatos, conversas e atividades pela manhã. Depois, tudo azul. Conflitos serão esclarecidos.

FEVEREIRO ★ ★ ★ ★ ★ ★ ★ ★ ★ ★ ★

01 Momento propício para acertar as contas e cuidar dos seus interesses financeiros. Tino afiado para ganhar dinheiro. Dia de bem-estar físico e emocional. Altos e baixos à noite.

02 Vênus e Plutão garantem: os contatos pessoais vão contar com bons estímulos. Domingo ideal para fazer comidas gostosas, ver os parentes, amigos ou se distrair com sua alma gêmea.

03 Mercúrio ingressa hoje em Peixes e deixará sua comunicação mais afetiva. Palavras e gestos de carinho vão fazer diferença em seus

relacionamentos. Muita sintonia com quem ama.

04 Planos e ideias em destaque. Pode contar com a cooperação de colegas em suas atividades. A partir do final da tarde, há risco de enganos e decepções. Melhor manter os pés na realidade.

05 Interesses comerciais e financeiros estarão estimulados. Mas a Lua recomenda cautela com indiscrições e fofocas. Já às 16 horas, ela ingressará em Câncer e o humor vai melhorar.

06 O dia será tranquilo e estável, mas tende a mudar ao anoitecer. Concessões e ajustes podem ser necessários. Para tudo fluir bem, evite embates e invista na harmonia com quem convive.

07 Vênus começa a brilhar em Áries a partir desta sexta, eleva a temperatura da paixão e promete fortes emoções. Paquera, romance e intimidade vão ficar mais quentes e envolventes.

08 A Lua circula em Leão, que simboliza a morada do paraíso astral. Ela vai trazer sorte e estimula os embalos deste sábado. Divertimentos, passeios e encontros amorosos estarão favorecidos.

09 Um clima inquieto pode marcar presença. Atividades físicas ajudarão a extravazar a energia acumulada. Faça coisas que te proporcionam prazer. À noite, vai querer paz e sossego.

10 Na fase Cheia e brilhando em Virgem, a Lua incentivará você a se cuidar. Assuntos ligados à saúde estarão em destaque. Emprego favorecido, mas a vida amorosa pode ficar em baixa.

11 Aproveite para agilizar deveres e aperte o passo no trabalho para dar conta de tudo. À tarde, tensões estão previstas. Convém agir com mais persistência. Noite agradável a dois.

12 Não espere um dia fácil! Os astros revelam que há risco de saias justas, sobretudo no começo da manhã e à noite. É melhor adotar a política da boa vizinhança e evitar conflitos.

13 Manhã calma e harmoniosa. Todavia, interesses de trabalho e contatos com pessoas influentes podem enfrentar instabilidades à tarde. Conquista e romance receberão bons estímulos.

14 Dia indicado para somar energias e cooperar com quem trabalha e convive. Às 21h38, a Lua ingressa em Escorpião e vai esquentar o clima nos momentos íntimos. Desejos mais fortes.

15 Boa concentração no serviço. Interesse maior por assuntos misteriosos e temas que cativam sua curiosidade. Sintonia com parentes e amigos. Noite de altos e baixos na vida a dois.

16 Marte muda de signo e começa a agir em Capricórnio, acentuando a capacidade de realização. Ele te dará mais garra e coragem para buscar suas ambições. Amor iluminado e protegido.

17 O dia terá desafios e pedirá atenção. O movimento retrógrado de Mercúrio começa: distrações e esquecimentos podem ocorrer. Confira tudo o que você fizer e guarde bem suas coisas.

18 Os astros estarão em sintonia e avisam que seus caminhos profissionais podem se abrir. Bom dia para arranjar emprego ou alcançar vitória na carreira. Laços mais firmes no amor.

19 Quem traz surpresas é o Sol, que ingressa em Peixes à 01h57. Neste signo, o astro-rei reforçará a imaginação, a espiritualidade e vai inspirar o lado sonhador, sobretudo na paixão.

20 As esperanças se renovam e o que você começar tem grandes chances de dar certo. Dia de sorte, boas energias e disposição para ir atrás dos seus ideais. Novas amizades podem surgir.

21 Marte e Urano trocam boas vibrações em signos do elemento Terra, favorecendo conquistas materiais e profissionais. A Lua, em Aquário, vai realçar o desejo de liberdade no amor.

22 Um clima de entrosamento e alegria vai embalar este sábado. Momento perfeito para rever pessoas queridas e curtir o Carnaval. Na paixão, alguém pode surpreender seu coração.

23 Excelentes vibrações vão chegar até o começo da tarde. Mas Vênus e Júpiter farão aspecto exato e negativo às 16h07: cuidado com ilusões e excessos, sobretudo no lado afetivo.

24 Terá altas doses de criatividade em suas tarefas. Hoje as coisas devem fluir como você deseja. Viagem favorecida. Tarde animada em encontros. A paixão ganhará toques românticos.

25 A folia corre solta e até o céu entrará no clima. A Lua sorri para os astros e entra em Áries, duplicando o entusiasmo e as energias. Feriado ideal para flertar e conquistar.

26 Forte tendência à irritação no início da manhã. Convém agir com calma e ser mais tolerante com os outros. Mas o dia vai melhorar. Ótimo pique para você lutar por seus interesses.

27 Extravagâncias e reclamações podem pesar contra nas primeiras horas do dia. Tarde indicada para cuidar do visual. Porém, há risco de enfrentar contratempos e atritos no trabalho.

28 A Lua ingressa em Touro: é hora de se dedicar para incrementar seus ganhos e recursos. No entanto, Vênus avisa que o amor exigirá menos teimosia e mais jogo de cintura.

29 Dia bissexto iluminado pelos astros. Fevereiro termina com ótimas energias e sinal verde do céu para você investir em seu bem-estar. Terá sorte nas finanças e na vida amorosa.

MARÇO ★ ★ ★ ★ ★ ★ ★ ★ ★ ★ ★ ★ ★

01 O mês começa com boas novas da Lua, que faz aspectos positivos e entra em Gêmeos. Estudos, comunicações e contatos em geral estarão estimulados. Declarações de amor protegidas.

02 Hoje não convém dar sopa para o azar nem se expor à toa. Segredo pode ser revelado e trazer constrangimento. Melhor manter a discrição e a distância de gente que gosta de fofoca.

03 Os astros continuam em estado de alerta. Fique de antena ligada para não cometer erros no trabalho e em suas atividades. Vênus e Saturno apontam risco de brigas na vida amorosa.

04 Bom dia para cuidar dos interesses domésticos e familiares. Porém, Mercúrio entra em Aquário em caminhada contrária, influência que pode afetar planos, projetos, papos e ideias.

05 Vênus começa a brilhar em Touro, signo que rege, realçando o bom gosto, a elegância e a sensualidade. Os laços afetivos vão ficar mais sólidos e estáveis. Romance firme e forte.

06 A Lua começa a brilhar em Leão às 06h28, mas vai trocar vibrações tensas com os astros. A recomendação é controlar o orgulho, o ego e a vaidade. Evite discussões com quem convive.

07 Embora não faça aspectos neste sábado, a Lua age no paraíso astral, traz sorte e boas energias. Passeios, festas e divertimentos estarão animados. Paquera vai render e agradar.

08 Sol e Netuno vão reforçar a fé, o lado compreensivo e generoso. Domingo ideal para confraternizar e estar com pessoas queridas. Bons ventos no amor: um namoro sério pode começar.

09 Começo de semana indicado para tomar iniciativas, sair da zona de conforto e procurar emprego. A Lua circula em Virgem e entra na fase Cheia à tarde. Mais vitalidade na saúde.

10 Momento oportuno para resolver assuntos que envolvam contratos e acordos. Contatos favorecidos com gerentes e chefes. Gentileza e diplomacia nas relações pessoais e afetivas.

11 Mercúrio volta ao movimento direto em Aquário: ideias e projetos vão fluir melhor. Porém, outros astros pedem cautela com excessos e atitudes impulsivas: não faça nada com pressa!

12 Dia de altos e baixos. Demandas e deveres no trabalho podem exigir mais foco e dedicação. À noite, rivais e cismas tendem a atrapalhar a paixão. Confie mais em seu próprio taco.

13 A Lua brilha em Escorpião, sorri para os astros e promete uma sexta-feira gloriosa. Suas ações vão dar bons resultados. Vitórias estão a caminho. Romance e sexo mais vibrantes.

14 Mente inquieta e mil pensamentos logo cedo. Mas tudo melhora a partir das 08h10, com a entrada da Lua em Sagitário. Astral produtivo em suas atividades e alegrias em suas relações.

15 Manhã positiva, ideal para se distrair com coisas e companhias diferentes. Já à tarde, atenção com os comes e bebes. Algo pode fazer mal. Amor mais protegido no período noturno.

16 Há risco de atritos no começo do dia. Mas Mercúrio ingressa hoje em Peixes e fica em paz com a Lua: leituras e estudos beneficiados. À noite, mudança que deseja pode dar certo.

17 Terça-feira propícia para se dedicar aos seus interesses. Finanças, providências práticas e compromissos em alta. Tire proveito da sua determinação para conseguir o que pretende.

18 Momento de mostrar seus dons, habilidades e competências. Hoje, não vai faltar confiança para agir. Poderá se dar bem em suas iniciativas. Bom astral com parentes e com a pessoa amada.

19 Imprevistos e chateações podem acontecer no período da manhã, por isso, mantenha o foco, o bom humor e não descuide de detalhes. A noite deve ser mais agradável com quem convive.

20 O Sol entra em Áries à 00h49, inaugura o novo ano astrológico e o outono no hemisfério sul. Não faltará garra para batalhar por suas metas. Finanças e paixão com bons estímulos.

21 O sábado será embalado pelas energias suaves e inspiradoras da Lua pisciana. Os talentos vão aflorar. Bom dia para lidar com artes e artesanato. Clima de integração com o par.

22 Dia de grandes mudanças no céu e a principal quem faz é Saturno, que ingressa em Aquário. Mesmo retrógrado, ele promete progresso e evolução. Noite romântica e especial no amor.

23 Manhã proveitosa no trabalho. Já a partir das 11h52, a Lua ficará fora de curso e permanecerá assim até às 21h59. Evite fazer coisas muito diferentes do que costuma. Mantenha a sua rotina.

24 A Lua se movimenta em Áries e ingressa na fase Nova às 06h30. Terça-feira indicada para colocar em dia suas atividades Algo novo que começar terá grandes chances de vingar. Paixão quente!

25 Dia bom para praticar exercícios, queimar calorias e entrar em forma. No serviço, evite fazer as tarefas com pressa. À noite, a Lua briga com os astros: fuja de desavenças!

26 A quinta-feira começa nervosa. Tenha tato nas relações pessoais e profissionais. Às 10h37, a Lua ingressa em Touro e acalmará os ânimos. Mais estabilidade na relação amorosa.

27 Ótimas vibrações chegam do céu e seu dia tem tudo para ser um sucesso. Você contará com determinação, paciência e saberá organizar o que for preciso. Romance harmonioso.

28 Vênus sorri para Júpiter e Plutão, anunciando um sábado prazeroso, equilibrado e feliz. É hora de se envolver com atividades e pessoas que te proporcionam alegria e satisfação.

29 Domingo de bem-estar, leveza e descontração. As estrelas prometem bons papos e sintonia com as pessoas do seu convívio. Sair com amigos será uma ótima pedida. Paquera animada.

30 Segunda-feira tensa entre os astros. É melhor cuidar dos seus afazeres sem dar muito espaço para palpites e conversa fiada. Mas Marte entra em Aquário e estimulará seus planos.

31 Emoções mais intensas neste fim de mês. A Lua entra em Câncer às 08h44, trazendo à tona o lado carinhoso, protetor e dedicado. Bom dia para cuidar da casa e das pessoas que ama.

ABRIL ★ ★ ★ ★ ★ ★ ★ ★ ★ ★ ★ ★ ★ ★ ★ ★

01 Atenção com assuntos do lar e de pessoas próximas, ainda mais os parentes. Mas o dia vai melhorar a partir da tarde e tem tudo para surpreender. Cumplicidade com sua alma gêmea.

02 Manhã ideal para organizar a vida doméstica e resolver pendências. Às 15h27, a Lua entra em Leão, mas briga com os astros. Estresse e mau humor podem atrapalhar suas relações.

03 Dia animado, positivo e produtivo. Vênus, o astro do amor, começa a brilhar em Gêmeos, favorecendo conversas, encontros e paqueras. Uma paixão à primeira vista pode acontecer.

04 Astral criativo, sociável e descontraído até o final da tarde. Passeios e diversões em alta. À noite, a sorte vai mudar de direção. Cobranças e críticas podem afetar o romance.

05 A Lua circula em Virgem, realçando o lado caprichoso, dedicado e detalhista. Excelente dia para fazer trabalhos manuais ou organizar suas coisas. Clima um tanto retraído nos contatos.

06 Boas promessas para a vida profissional. Esforços empreendidos hoje vão dar o retorno esperado. Busca por emprego favorecida. Namoro recente tem grandes chances de se firmar.

07 Tino apurado para negociar e habilidade para colocar ideias em prática. Mas convém maneirar nos gastos e controlar suas reações. Aborrecimentos podem surgir. Tensões no amor.

08 A Lua forma aspectos negativos e recomenda: mostre mais jogo de cintura. Rivalidades e disputas po-

dem provocar saias justas. Com diálogo e tolerância, tudo deverá entrar nos eixos.

09 Alta tensão entre os astros! Hoje será melhor agir com discrição, cuidar dos seus assuntos e não marcar bobeira. Dobre a atenção com os interesses financeiros. Atritos na paixão.

10 Sexta-feira das mais positivas. Hoje, tudo o que você fizer com disposição e força de vontade vai dar certo. Sucesso na carreira e nos contatos. Emoções intensas na vida sexual.

11 Mercúrio ingressa em Áries, estimulando a realização de planos, ideias e projetos. Suas ambições podem ser alcançadas. Clima de entrosamento e confiança na relação com quem ama.

12 Sol e Lua trocam ótimas vibrações em signos do elemento Fogo e deixam o domingo superagitado. Viagens, amizades e programas festivos em alta. Na paquera, é o momento de ousar.

13 Agindo em Capricórnio, a Lua traz mais prudência e realça o senso de responsabilidade. Atividades e interesses de trabalho estarão em destaque. Manhã indicada para ampliar seus ganhos.

14 Mais paciência e menos provocações! O Sol ariano briga com Plutão e a Lua, sinalizando atritos. Colocar-se no lugar dos outros será

uma boa. Mas Júpiter promete uma noite feliz.

15 A Lua muda para Aquário às 04h38, deixando o astral mais leve e criativo. Porém, pense duas vezes antes de tomar decisões impetuosas e se arriscar. Valorize o que já conquistou.

16 Cenário positivo no céu e boas promessas para você. Não vai faltar originalidade para brilhar em suas atividades. Relações harmoniosas com colegas, amigos e pessoas que estima.

17 Sol e Lua vão incentivar quem tiver disposição para sair do lugar comum e inovar. Bom dia para começar algo. Às 15h30, a Lua entrará em Peixes e fortalecerá os laços de carinho.

18 Manhã propícia para desenvolver e aplicar seus talentos em atividades artísticas e que inspiram a imaginação. À tarde, evite mudanças na aparência e gastos movidos pela vaidade.

19 Domingo iluminado pelas vibrações do Sol, que ingressa em Touro às 11h45. Ele promete um período mais tranquilo e favorável para cuidar dos assuntos práticos. Amor mais romântico.

20 A semana começa movimentada e quem avisa é a Lua. Em Áries a partir das 04h01, ela vai dar mais coragem, vitalidade e dinamismo para ir atrás das suas metas. Paixão mais fogosa.

21 Sol e Saturno pedem cuidado com entreveros no trabalho. Mas a Lua manda boas energias e revela que esta terça pode surpreender. É hora de agir e conquistar. Sexualidade quente.

22 Não faça nada com afobação. Reflita bem antes de tomar decisões e controle a impulsividade. Há risco de excessos e conflitos. Às 16h36, a Lua entra em Touro e acalma o astral.

23 Lua e Urano impulsionam os assuntos materiais. É hora de organizar as contas. Pode descobrir como atrair mais dinheiro – leve suas ideias a sério. Apego mais forte com o par.

24 Atividades em equipe, serviços comunitários e assistenciais favorecidos. Boas oportunidades no campo profissional. À noite, Júpiter promete sorte e alegria, sobretudo no amor.

25 Brilhando em Gêmeos a partir das 04h20, a Lua realça o lado comunicativo e sociável. Bons papos com irmãos, primos e vizinhos. Mas convém ter mais jogo de cintura no trabalho.

26 Dia de altos e baixos. Evite se envolver com coisas e conversas que não lhe dizem respeito. Na paixão, tarde ideal para atrair, encantar e convencer. À noite, risco de ilusões.

27 Mercúrio entra em Touro e fica em sintonia com a Lua: bom

momento para transformar ideias em lucros. Pode faturar um dinheiro extra com algo que fizer. Clima carinhoso a dois.

28 Aproveite as primeiras horas do dia para tomar providências e cuidar dos seus interesses. Depois, pode ter dissabores até no emprego. Faça a sua parte e aja com mais discrição.

29 A sensibilidade estará à flor da pele hoje. Qualquer contrariedade ou palavra mais dura pode incomodar. Em vez de dar vazão para mágoas, busque o entendimento e o equilíbrio.

30 Abril termina com nuvens escuras no céu. Há tendência de perrengues e conflitos. Dobre a atenção nas relações profissionais e pessoais. Astral tenso na paquera e no romance.

MAIO ★ ★ ★ ★ ★ ★ ★ ★ ★ ★ ★ ★ ★ ★ ★

01 O feriado começa cheio de entusiasmo e a manhã será das mais prazerosas. Encontros e divertimentos em destaque. À tarde, fique de olho na vontade de mandar. Pode atrair atritos.

02 A Lua ingressa em Virgem às 02h36, sorri para os astros e promete um sábado de muita harmonia. Não faltará disciplina para cuidar bem da saúde. Terá mais certezas e firmeza na paixão.

03 Imprevistos podem ocorrer até o início da tarde. Convém conter os gastos e evitar críticas. Mas o astral melhora, sobretudo à noite. Sentirá mais bem-estar e paz com quem convive.

04 Bom dia para se aliar a quem tem interesses semelhantes aos seus. Parcerias favorecidas no trabalho. No amor, cresce o desejo de se comprometer, mas tenha cautela com ilusões.

05 A Lua libriana incentiva a cuidar do visual e realçar sua beleza. Senso estético apurado e compras em alta. Sorte com dinheiro. À noite, Marte promete momentos vibrantes a dois.

06 Hoje é melhor ir devagar e ser prudente. A Lua entra em Escorpião, mas fica de mal dos astros. Evite investimentos arriscados. Nas relações pessoais, pode alimentar desconfianças.

07 Aposte alto em sua capacidade criativa e poder de realização. Pode alcançar vitórias e sobressair no que faz. Sua intuição estará mais forte – ouça os seus instintos. Sucesso em seus contatos. Sexualidade quente.

08 A sexta-feira começa com boas promessas. Mudança que aguarda ou deseja pode virar realidade. Atitudes otimistas e ações empreendedoras te levarão mais longe. Paixão aventureira.

09 Dia bem mais positivo pela manhã. Acelere o passo e não deixe nada para depois. Pode se deparar com chateações ou frustrações na parte da tarde. Instabilidades na vida amorosa.

10 Domingo de surpresas agradáveis e alegrias. O céu está repleto de aspectos positivos e os astros dão sinal verde para seus planos. Viagem, passeio e conquista com proteção extra.

11 Tenha mais tato com quem trabalha e convive. Mercúrio briga com Marte e traz tensões. Mas ele ingressará em Gêmeos à noite e vai empoderar sua comunicação. Paquera estimulada.

12 Assuntos profissionais em evidência. Seu desempenho pode ser avaliado: mostre do que é capaz. Às 12h39, a Lua migra para Aquário, favorecendo os contatos sociais e as amizades.

13 Marte começa a circular em Peixes e realça o seu sexto sentido, principalmente nos momentos em que precisar agir. Fique de antena ligada em suas impressões. No romance, descobrirá os desejos íntimos do par.

14 O dia começa bem e em clima de grande companheirismo. Terá apoio de colegas e pessoas próximas. Já a partir das 11h03, evite mudanças na sua rotina. Nem tudo pode sair como planeja.

15 Sol e Plutão dão energia farta para você lutar por suas metas. Carreira e finanças protegidas. Mas fuja de fofocas e cuidado com a ingenuidade à tarde. A dois, carinho valorizado.

16 Pode acordar com mais preguiça. Drible o excesso de sono com atividades que motivam e agradam você. Tarde com altos e baixos. Evite muitas expectativas, especialmente no amor.

17 Domingo abençoado pelas estrelas. Ótima vitalidade física. Astral animado junto dos familiares. Momentos especiais com visitas e pessoas queridas. Pode esperar sucesso na paixão.

18 Terá pique para fazer essa segunda-feira render. À tarde, tire proveito da sua iniciativa. Pode resolver assuntos importantes e até se livrar de um problema. Sintonia com o par.

19 A manhã fluirá bem e será agradável. Pode ocupar o centro das atenções. À tarde, não convém forçar a barra nem se impor de-

mais. Há risco de choques, divergências e chateações.

20 O Sol ingressa em Gêmeos às 10h49, trazendo descontração, simpatia e energia mental. Você ficará mais sociável e verá a força que as palavras têm. Porém, a noite pode decepcionar.

21 Com a Lua agindo no signo de Touro, as coisas caminharão de forma mais tranquila. Espírito prático elevado, mas pressões não vão funcionar. Clima acolhedor com sua alma gêmea.

22 Dia forrado de aspectos e de muita agitação. Contatos com gente influente, reuniões com chefes e interesses de trabalho a todo vapor. Já à noite, pode faltar sintonia na paixão.

23 Ao contrário de ontem, os astros querem folga hoje. Só a Lua geminiana reina soberana, estimulando encontros, contatos e amizades. Uma declaração pode ser decisiva na conquista.

24 Bons papos com quem convive. Lua, Mercúrio e Vênus vão estimular negociações, estudos, compras e vendas. À noite, pode sentir mais vontade de curtir seu cantinho e seu amor.

25 Tudo deve dar certo nesta segunda-feira. Ótimas vibrações vão marcar presença! Há chance de ampliar os seus ganhos. Sucesso em suas iniciativas. Clima de romantismo com o par.

26 Manhã positiva para cuidar do lar e dos parentes. Interesses domésticos favorecidos. Do meio da tarde em diante, vá com calma. Nem tudo o que disser ou fizer será bem recebido.

27 A Lua começa a brilhar em Leão às 03h34, apontando mais sorte, disposição e otimismo. Liderança em alta no emprego. Mas controle a vaidade e os gastos, sobretudo à noite.

28 Mercúrio entra em Câncer, incentivando o entendimento e a união familiar. Interesses com comércio e imóveis favorecidos. Sensação de bem-estar emocional. Vida amorosa blindada.

29 Em Virgem a partir das 08h41, a Lua dará apoio para você se empenhar e progredir. Sua dedicação vai trazer bons frutos. Oportunidades de emprego. Astral harmonioso com o par.

30 Não convém se arriscar! Os astros vão passar o dia em conflito, sinal de que será preciso ter mais tolerância e jogo de cintura. Tensões no trabalho, nas finanças e também na paixão.

31 Excelentes energias se concentram pela manhã e à tarde. Relações pessoais mais cordiais e carinhosas. Aproveite para ficar pertinho de quem estima. À noite, evite discussões.

JUNHO ★ ★ ★ ★ ★ ★ ★ ★ ★ ★ ★ ★ ★

01 Sol e Lua enviam excelentes estímulos para os seus interesses. Bom dia para contatos, conversas e acordos. Alta rentabilidade em grupos e estudos. Conquista amorosa protegida.

02 Dia em que os nervos tendem a ficar à flor da pele. Os astros recomendam mais cautela com seu dinheiro. Convém, ainda, controlar suas reações. Hoje há risco de desentendimentos.

03 O feriado chega com boas energias e restaura o equilíbrio em suas relações pessoais. Diálogos esclarecedores vão colocar tudo em pratos limpos. Clima de harmonia com quem ama.

04 Manhã indicada para cuidar de assuntos complicados. Terá muita perspicácia para agir e resolver. Às 14h17, a Lua ingressa em Sagitário e vai alegrar o astral. Romance iluminado.

05 Hoje a Lua fica Cheia às 16h14 e depois forma um eclipse. Será o momento de reavaliar escolhas, praticar o desapego e deixar para trás o que não te faz bem. Livre-se de fardos e mágoas.

06 Sábado de conflitos e tensões. Evite se entusiasmar demais com as aparências: nem tudo o que reluz é ouro. À tarde, convém ter mais discrição. Pode se envolver em saias justas.

07 Você vai contar com mais paz, sossego e estabilidade neste domingo. Estratégias para melhorar as finanças prometem resultados positivos. À noite, tudo azul com sua alma gêmea.

08 Não faltarão foco e determinação para colocar seus objetivos em prática. Os interesses profissionais vão fluir bem. Seu valor pode ser reconhecido. Paixão com ótimas vibrações.

09 A Lua aquariana estimula seu lado versátil e criativo. Manhã produtiva no ambiente de trabalho. Só tenha cautela com gastos e mudanças impulsivas à tarde. Boas novidades no amor.

10 Sol e Lua dão sinal verde para você fazer novas amizades. Pode conhecer pessoas interessantes. Contatos, mensagens, telefonemas e encontros vão agradar em cheio. Paquera a mil.

11 Pegue mais leve hoje e poupe as suas energias. Não convém se arriscar nem se deixar influenciar pelos outros. Na vida afetiva, pode enfrentar mágoas e decepções: seja realista.

12 No Dia dos Namorados, os astros vão conspirar a seu favor.

As coisas devem caminhar do jeito que espera. Seus planos têm tudo para dar certo. Juras de amor e alegrias com o par.

13 Deixe a imaginação fluir: você terá muita inspiração em suas tarefas. Só evite fazer mudanças ou começar coisas diferentes à tarde. Os embalos de sábado à noite vão surpreender.

14 Cuidados com o corpo e a aparência estarão favorecidos. Domingo ideal para curtir as pessoas queridas. À noite, um pouco mais de jogo de cintura virá à calhar: maneire na sinceridade.

15 A Lua circula em Áries, eleva sua coragem e ativa seu lado dinâmico. Aproveite para dar o primeiro passo em algo que deseja muito conquistar. Altos e baixos no período noturno.

16 Embora entre em Touro às 6h36, a Lua vai se desentender com Saturno e revela que pode faltar ânimo pela manhã. Livre-se dos pensamentos negativos. Tarde e noite mais positivas.

17 Quarta-feira propícia para ir atrás dos seus objetivos. Assuntos ligados a dinheiro, contratos, emprego e documentos favorecidos. Clima de entrosamento nos contatos e no amor.

18 Os astros mandam ótimas energias e prometem sorte. O dia será agitado, mas você pode ter êxito em tudo o que fizer – invista! Na vida afetiva, é a hora certa de abrir o coração.

19 Manhã indicada para cuidar do visual e embelezar seu lar. Porém, Mercúrio fica retrógrado e recomenda atenção com prazos, pertences e conversas. Melhore a comunicação familiar.

20 Aproveite as primeiras horas do dia para acelerar suas tarefas. Depois, há sinal de altos e baixos. Às 18h44, o Sol ingressa em Câncer, ativando o lado carinhoso, dedicado e sensível.

21 A Lua entra na fase Nova, destacando os assuntos domésticos e contatos com parentes. Às 06h41, ocorre um eclipse do Sol: isso pode mexer fundo com suas emoções. Afaste as mágoas.

22 Bom dia para resolver pendências, tratar de aluguel, fazer arrumações e tomar providências em casa. Trabalhos criativos vão render à tarde. Cautela com mal-entendidos à noite.

23 Netuno começa a caminhar ao contrário em Peixes: ilusões e incertezas podem surgir. Procure ter mais força, foco e fé. Vida amorosa com instabilidades e risco de desencontros.

24 A Lua visita Leão, signo da Casa do Prazer, mas vai ficar fora de curso o dia inteiro. Convém manter as atividades rotineiras e controlar melhor os gastos. Paquera mais animada.

25 Nem tudo pode fluir de acordo com seus planos de manhã. Mas a Lua vai entrar em Virgem às 14h05, ativando a disciplina e a dedicação. Seu empenho dará resultado. Paixão em baixa.

26 Finanças estimuladas e boas notícias para o amor: Vênus retoma o movimento direto e garante que as coisas vão andar. Conquista, namoro e romance vão contar com ótimas vibrações.

27 Manhã proveitosa no trabalho e chance de conquistas. Mas a paciência pode ser testada à tarde: evite se irritar. Às 17h17, a Lua entra em Libra e suaviza o astral.

O amor estará iluminado.

28 Marte terá papel destacado: ingressa em Áries e vai dar impulso para suas ações e iniciativas. Domingo animado nos contatos e relacionamentos. Intimidade mais vibrante a dois.

29 Hoje não convém dar sopa para o azar. Vários aspectos negativos podem deixar o clima nervoso. Mostre mais diplomacia com quem convive e evite tocar em assuntos que geram atrito.

30 Tudo azul em seu horizonte astral! O mês termina com excelentes energias. Pode transformar ou vencer algo que te incomoda. Garra no emprego e sucesso nas investidas amorosas.

JULHO ★ ★ ★ ★ ★ ★ ★ ★ ★ ★ ★ ★ ★ ★ ★

01 Saturno volta para Capricórnio e fica retrógrado: atrasos e preocupações podem ocorrer, sobretudo no trabalho. Mas outros astros vão dar força e estímulo para você superar desafios.

02 Júpiter e Plutão somam energias e favorecem as iniciativas profissionais. Com confiança e empenho, chegará aonde quer. Clima de liberdade e descontração nas relações pessoais.

03 A sexta começa animada com o astral da Lua sagitariana, mas logo ela faz aspecto tenso com Netuno. Há risco de enganos e julgamentos precipitados. Tarde e noite mais harmoniosas.

04 Cuide dos deveres, mas não perca tempo com fofocas e atritos. Tensões até a metade da tarde vão exigir jogo de cintura. Depois, tudo melhora. Noite com boas promessas na paixão.

05 Hoje a Lua entra na fase Cheia

em Capricórnio e forma um eclipse em plena madrugada: pegue mais leve nas reações, tenha tato e não se prenda ao passado. Altos e baixos no amor.

06 Novos horizontes e mais leveza no astral com a mudança da Lua para Aquário às 07h09. Aproveite para arejar a mente, encontrar amigos e saborear os bons momentos. Paixão protegida.

07 Cenário nervoso no céu! Não convém se envolver com várias coisas de uma vez. Foque no que for urgente e fique longe do que pode tirar sua atenção. Relacionamentos tumultuados.

08 Mercúrio e Marte trocam farpas e pode sobrar para você. Manhã instável com grana, na carreira e nos contatos pessoais. Às 15h13, a Lua entra em Peixes e promete mais compreensão.

09 Excesso de sono e uma ponta de desânimo nas primeiras horas. Mas as coisas vão ficar mais positivas logo em seguida. Mudanças favorecidas no trabalho, no lar e também no amor.

10 Ótimas energias embalam o dia e os astros indicam conquistas. Intuição e criatividade afiadas, inclusive para ganhar dinheiro. Mais prestígio profissional. Romantismo com o par.

11 A Lua entra em Áries às 02h06 e vai agitar o astral. Manhã ideal para atividades dinâmicas e movimentadas. Mas convém controlar a franqueza à tarde. Noite feliz na vida amorosa.

12 Passeios, divertimentos e encontros vão receber bons estímulos até o início da tarde. Mas nem tudo pode fluir bem depois. Segure os gastos e evite discutir com os mais velhos.

13 Mercúrio volta ao curso direto, favorecendo compras, vendas, conversas e contatos. Mas a Lua e Saturno recomendam atenção com trabalho e responsabilidades já assumidas à tarde.

14 Os astros pedem cautela com extravagâncias e indisciplina nas primeiras horas, mas tudo melhora ainda pela manhã. Tarde boa para cuidar de assuntos materiais. Amor possessivo.

15 Manhã positiva para resolver questões ligadas a leis, Justiça e finanças. Mas relações pessoais e profissionais podem exigir jogo de cintura. Sol e Plutão apontam risco de saias justas.

16 A Lua começa a brilhar em Gêmeos às 02h20, trazendo um astral mais leve e descontraído. Estudos e viagens rápidas em alta. Boa comunicação no serviço. Noite vibrante na paixão.

17 Cuidados com a aparência e mudanças no visual prometem agradar. Ótima sintonia com irmãos,

primos e vizinhos. Já à noite, evite ilusões e altas expectativas, inclusive na paquera.

18 O período da manhã será ideal para fazer compras, pechinchar e negociar. Pique para encontrar conhecidos e colocar o papo em dia com os amigos. Tarde e noite acolhedoras no seu lar.

19 Aproveite as primeiras horas para investir em seu bem-estar. Saberá o que precisa para ter mais qualidade de vida. Mas abra os olhos nas relações pessoais: há risco de atritos.

20 A Lua canceriana entra na fase Nova: é hora de arrumar seu ninho, cuidar de interesses domésticos e mudar o que não anda bem. Depois do almoço, tensões podem surgir. Acalme-se!

21 Controle os ímpetos e os gastos pela manhã. Pode se arrepender de algo. Tarde ágil e produtiva em suas tarefas. À noite, Lua e Vênus garantem um astral mágico e romântico no amor.

22 O Sol começa a brilhar em Leão às 05h37, realçando o lado alegre, otimista e sedutor. A busca por prazer aumentará. A atração física terá destaque na paquera. Paixão mais quente.

23 A Lua faz ângulo positivo com os astros e sinaliza um dia de equilíbrio e boas vibrações. Trabalhos detalhados e que pedem mais observação em alta. Saúde, finanças e amor protegidos.

24 Contará com apoio das estrelas para conseguir algo que acha importante. Explore seu empenho e logo verá os resultados. Êxito no trabalho e sorte com grana. Romance mais firme.

25 Com a Lua libriana no céu, será mais fácil entrar em acordo com os outros. Habilidade para reunir pessoas, conciliar e convencer. Já a noite deste sábado pode deixar a desejar.

26 O domingo começa harmonioso, mas poderá ficar instável ainda pela manhã. Será o momento de medir atitudes e palavras. Há risco de divergências com quem convive, inclusive o par.

27 Se quer um dia tranquilo, é melhor agir com discrição. Inimizades, intrigas e rivalidades podem vir à tona. Tenha cautela com contas e deveres. Amor sujeito a acusações e revanches.

28 Hoje, sim, os astros vão colaborar e tudo deve caminhar como planeja. Bom dia para elaborar estratégias, liderar e negociar. Há chance de ampliar sua renda. Intensidade na paixão.

29 A Lua muda para Sagitário e traz novos horizontes. Pessoas e assuntos distantes podem abrir sua mente. Estudos favorecidos e convicções mais fortes. Carisma elevado na paquera.

30 Quinta-feira é o dia regido por Júpiter, mas hoje ele confronta Mercúrio. Respeite limites e evite se empolgar demais com promessas alheias. Na vida a dois, ironias podem magoar.

31 Julho acaba com boas promessas na carreira. A Lua entra em Capricórnio às 08h59, traz foco, persistência e eleva as ambições. Porém, inibições podem marcar os contatos amorosos.

AGOSTO ★ ★ ★ ★ ★ ★ ★ ★ ★ ★ ★ ★ ★

01 Começará o dia com boa vontade, mas cobranças podem incomodar. Cuide do que for prioritário. Nervos à flor da pele no fim da tarde. Distrações e horas de lazer ajudarão a relaxar.

02 Sol e Urano abrem o dia em conflito: controle suas reações. Mas o domingo vai mudar e melhorar. Bons momentos com os amigos e pessoas queridas. Noite inspirada na vida amorosa.

03 Início de semana com risco de chateações e desafios. Convém ajustar os planos à realidade. Cautela com as finanças. Contatos no trabalho e na paixão vão exigir mais diplomacia.

04 Ótimo pique nas primeiras horas da manhã. Todavia, pode se deparar com instabilidades à tarde – evite se estressar e controle seus impulsos. Amor iluminado e protegido à noite.

05 Tudo fluirá com mais leveza, hoje. Em Peixes, a Lua realça o lado compreensivo e cordial. Mercúrio, que entra em Leão, fortalecerá as ideias criativas e promete boa lábia na paquera.

06 Cenário astral positivo e equilibrado. Sexto sentido mais poderoso – siga seus instintos. Pode alcançar conquistas profissionais ou melhoria nos ganhos. Noite romântica com o par.

07 Hoje a Lua ariana pede agilidade e ação, mas convém controlar a pressa. Vênus, que entra em Câncer, vai deixar as relações pessoais mais carinhosas. É hora de expressar suas emoções.

08 Sábado iluminado pelas belas vibrações do Sol e da Lua. Ótimos momentos em festas, encontros, passeios e divertimentos. Na paixão, atitudes mais ousadas podem render conquista.

09 Os astros aconselham a duplicar a paciência e o jogo de cintura.

Aspectos tensos marcam presença, afetando o humor, os contatos e o bem-estar. Até o amor pode ser alvo de atritos. 10 Assuntos materiais em destaque. Ideias e atividades criativas podem trazer bons ganhos, mas Mercúrio e Urano avisam: convém controlar os gastos. Fofocas podem causar embaraços. 11 Lua, Júpiter e Plutão acentuam o lado confiante, prático e perseverante. É hora de batalhar por suas metas. Sua dedicação pode trazer bons frutos. Noite feliz e serena na vida a dois. 12 O dia começa tranquilo, mas ganha ares agitados com a entrada da Lua em Gêmeos, às 10h46. Boa lábia no trabalho e nos contatos em geral. À noite, cautela para não forçar a barra. 13 A Lua realça o lado versátil, inventivo e comunicativo. Há chance de sobressair no serviço. Sintonia com pessoas próximas. No amor, declaração pode ser decisiva para conquistar. 14 A sexta-feira chega com boas energias e seus planos têm tudo para vingar. Sucesso em algo novo. Compras, trocas e vendas favorecidas. Noite em clima romântico com sua alma gêmea. 15 Providências e afazeres em casa estimulados. Bom dia para reunir os parentes e matar a saudade. Tarde

indicada para ganhar dinheiro. Astral carinhoso e apegado na vida amorosa. 16 Aproveite para resolver tudo o que pretende logo cedo. Após o almoço, o clima pode azedar. Tensões no lar. Com Urano retrógrado em Touro, vale ter mais atenção com gastos e atritos. 17 Marte e Mercúrio prometem todo apoio para você conquistar o que almeja. A Lua, que hoje muda para Leão, trará mais vigor, liderança e vontade de se dar bem. Aja com foco e fé! 18 Sinal verde do céu para fazer um sonho virar realidade. Saberá defender seu peixe e pode conseguir algo importante. Dia glorioso nas finanças e no amor: mudanças positivas vêm aí! 19 Bom dia para organizar as finanças, arrumar armários e organizar seus pertences. Atividades que exigem foco e atenção aos detalhes vão fluir bem. Noite harmoniosa com quem ama. 20 Mercúrio começa a se movimentar em Virgem, signo que rege, estimulando a energia mental, as ideias práticas e a dedicação. Estudos, leituras e pesquisas em alta. 21 A Lua começa a brilhar em Libra às 06h16, favorecendo trabalhos em grupos, equipes e parcerias. Não faltará disposição para cooperar. Mais gentileza e harmonia com quem convive. 22 Vários astros se desentendem e o dia pode ser desafiador. Mas o Sol entra em Virgem às 12h45, trazendo equilíbrio, bom-senso e sabedoria para driblar obstáculos. Aja com calma!

23 Boas novas chegam da Lua, que migra para o signo de Escorpião e fica em paz com o Sol. O domingo tem tudo para ser agradável e estimulante. Os laços afetivos vão se fortalecer.

24 Marte briga com Plutão e deixa o astral tenso. Qualquer imprevisto poderá irritar. Mas a tarde e a noite serão mais positivas. Busque soluções sem se precipitar. Romance cúmplice.

25 Viagens e novos empreendimentos favorecidos. Porém, Vênus se opõe à Júpiter, sinal de que nem tudo pode sair como quer no trabalho, no lar e no amor. Evite criar altas expectativas.

26 Hoje é melhor manter a antena ligada com pessoas, situações e assuntos que não conhece bem. Avalie o terreno antes de se arriscar. À noite, há tendência a alimentar ilusões.

27 Ótimas energias vão embalar seu dia. Astral dinâmico, ágil e produtivo. Poderá acelerar o passo no trabalho e alcançar o que deseja. Bons ventos sopram a favor do amor. Invista!

28 Sol, Lua e Urano enviam estímulos em signos do elemento Terra. O que fizer hoje pode ajudar a ter conquistas sólidas e duradouras. Segurança material e emocional. Romance firme.

29 Céu cheio de aspectos, alguns bons e outros nem tanto. Foque em seus interesses e não perca tempo. Sorte ao lidar com dinheiro e destaque no emprego. Noite animada na vida social.

30 A Lua circula em Aquário e acentua o desejo de liberdade. Pode sentir vontade de sair e encontrar os amigos, mas não descarte contratempos. Cautela com gastos, atritos e fofocas.

31 Um astral leve e solto marca o último dia de agosto. Bom momento para fazer planos, começar algo que idealiza e se envolver com coisas diferentes. Clima de companheirismo com o par.

SETEMBRO ★ ★ ★ ★ ★ ★ ★ ★ ★ ★

01 Setembro começa com bons fluidos entre os astros e a energia inspiradora da Lua pisciana. Dia indicado para alcançar sonhos no trabalho, nas finanças e nos assuntos afetivos.

02 Sol e Urano impulsionam seus interesses. Vai render muito profissionalmente e pode ampliar seus ganhos. Só não deixe o ciúme afetar suas relações pessoais e o convívio com o par.

03 Ótimas vibrações no emprego. Vai mostrar seu valor aos chefes. Boa sintonia com parentes e amigos. Às 17h22, a Lua entra em Áries e esquentará a paixão. Emoções intensas a dois.

04 Vênus briga com Marte e alerta que dissabores podem ocorrer. Convém cuidar melhor do seu bem-estar e ter mais calma nos contatos. Risco de conflitos e rompimento na vida amorosa.

05 Dia de alta tensão no céu, mas Mercúrio entra em Libra e ajudará você a avaliar melhor os prós e contras de cada situação. Invista no equilíbrio e sairá ganhando, inclusive no romance.

06 Os astros ainda vão trocar farpas, mas logo cedo a Lua muda para Touro e Vênus ingressa em Leão, trazendo horizontes mais positivos para os interesses materiais e os relacionamentos.

07 Hoje, sim, tudo poderá a fluir às mil maravilhas e nenhum imprevisto deve te atrapalhar. Terá mais segurança e determinação para agir e conquistar. Sorte nas finanças e na paixão.

08 Batalhe por suas metas e chegará aonde quer. Vitórias serão suadas, mas valerão a pena. Carreira e dinheiro em destaque. A Lua entra em Gêmeos à noite e vai descontrair o amor.

09 É hora de sair da zona de conforto, fazer e acontecer. Suas ideias serão bem recebidas e você pode subir no conceito dos chefes. Paquera protegida: bom papo vai render conquista.

10 Convém dobrar a cautela e falar menos. Os astros não estão para brincadeira e apontam chateações. Marte fica retrógrado e pode deixar a mistura superexplosiva: pegue mais leve!

11 A Lua começa a brilhar em Câncer, seu domicílio astral, trazendo mais ternura e entendimento. Clima prestativo com a família. Ao anoitecer, atenção com ilusões e orgulho ferido.

12 Manhã ideal para organizar suas coisas e separar o que não usa mais para doação. O início da tarde pedirá jogo de cintura, mas depois terá ótimos momentos com as pessoas queridas.

13 Cenário astral conturbado. Evite discutir com quem convive. Mas a Lua entra em Leão às 12h33 e promete alegrias. Júpiter, que volta ao curso direto, dará mais confiança para agir.

14 Pode acordar de mau humor, mas logo vai entrar em um ritmo mais animado. Bons contatos na escola e no trabalho. Pique para fazer amizades. Carisma em alta nos assuntos do coração.

15 Vênus e Urano indicam risco de conflitos e mágoas. Não convém se intrometer em problemas alheios. Mas a parte da tarde será mais positiva. Lua e Marte vão incentivar as suas conquistas.

16 Excelentes energias nesta quarta-feira. Terá uma postura dedicada e com soluções engenhosas no serviço. A saúde ficará mais protegida. À noite, a sorte vai soprar em sua direção.

17 Sol e Saturno vão iluminar suas ambições. Pode se destacar, crescer e progredir. Só evite distrações e conversas paralelas. Hoje a Lua entra em Libra e favorece a união no amor.

18 Lua e Vênus realçam seu bom gosto, favorecem compras e mudanças na aparência. Já a noite pode decepcionar. É melhor não esperar muito dos outros, sobretudo na vida sentimental.

19 Os astros apontam tensões, revides e reações intempestivas. Convém ficar na sua e não entrar em bate-bocas. À noite, tudo muda. Não faltarão paz e carinho nas relações pessoais.

20 Manhã e tarde agradáveis. Sua intuição se fortalece e você saberá se colocar no lugar dos outros. Bons momentos com parentes e amigos.

Porém, há sinal de altos e baixos no amor.

21 A semana começa com boas vibrações. Oportunidades na carreira e nas finanças. Às 16h32, a Lua migra para Sagitário, deixando o astral mais alegre e animado, inclusive na paixão.

22 Hoje o Sol ingressa em Libra às 10h31 e inaugura a primavera no hemisfério sul. É tempo de valorizar a união e se voltar mais para as suas relações. Compromisso amoroso estimulado.

23 Acordos, estudos e entrevistas de emprego em alta. Mas Mercúrio e Saturno estão em atrito: tenha tato com pessoas conservadoras e mais velhas. À noite, clima de frieza a dois.

24 Hoje não convém se expor. Terá mais sucesso com uma abordagem discreta. Talvez precise conciliar divergências. Tarde produtiva, inclusive para ganhar dinheiro. Equilíbrio no amor.

25 A Lua se encontra com Júpiter, Saturno e Plutão, sinalizando um dia proveitoso no trabalho. Dê duro e colherá bons frutos. Só não descuide da saúde. Paixão enfrentará desafios à noite.

26 Dia marcado por disposição, ideias férteis e muita harmonia. Sol e Lua realçam o lado sociável e simpático, favorecendo encontros e amizades. Já à noite, ciúme pode incomodar.

27 Mercúrio caminha em Escorpião, acentuando a inteligência, a sagacidade e a percepção. Porém, tenha cautela com a teimosia. Evite ser inflexível com os outros. Emoções mais intensas no amor.

28 Os astros prometem vigor e agilidade neste dia. Pode ter vontade de fazer várias coisas de uma vez. Carreira, finanças e contatos favorecidos. Noite prazerosa e feliz no amor e no sexo.

29 A Lua circula em Peixes, realçando a compreensão, a fé e o afeto. Clima de cooperação no trabalho e na vida pessoal. À noite, Lua e Júpiter apontam alegrias e proteção no romance.

30 Saturno regressa ao movimento direto em Capricórnio, sinal de mais desembaraço, sabedoria e agilidade. Pode alcançar metas, sobretudo na profissão. A Lua traz romantismo no amor.

OUTUBRO ★ ★ ★ ★ ★ ★ ★ ★ ★ ★ ★ ★

01 A Lua abre o mês em Áries: será um bom dia para começar novas atividades. Pique elevado na saúde e no trabalho. Porém, Sol e Lua indicam conflitos à noite, sobretudo na paixão.

02 É melhor controlar a impulsividade! Há risco de atos impensados e atritos. Mas Vênus entra em Virgem, trazendo mais foco, razão e disciplina. Também ajudará a equilibrar o amor.

03 O sábado terá um astral mais tranquilo e positivo. A Lua muda para Touro às 12h13, faz bons aspectos e dá sinal verde para os interesses materiais e afetivos. Romance harmonioso.

04 A Lua se aproxima de Urano, duplica as energias taurinas e estimula os relacionamentos. Pode resolver assuntos práticos. Bom dia com parentes. Paz no lar e também na vida a dois.

05 Segunda-feira forrada de vibrações positivas. Habilidade para ganhar dinheiro. Boa interação com colegas e chefes. Plutão retoma o curso direto e reforça suas chances de sucesso.

06 Tenha mais atenção nas tarefas e reserva nas conversas. A Lua entra em Gêmeos, mas briga com Vênus, sinal de distrações, fofocas e desacordos. Tudo fluirá melhor a partir da tarde.

07 Versatilidade, poder de convencimento e cordialidade serão seus trunfos para se dar bem hoje. Ótima manhã em seus contatos. Tarde com altos e baixos. Paixão envolvente à noite.

08 A Lua migra para Câncer, mas não fará aspectos com os astros. Dia indicado para cuidar de assuntos familiares. Momentos agradáveis em casa. Dedicação no convívio com quem ama.

09 Terá uma intuição poderosa e fará as melhores escolhas. Ótimas energias no emprego, no lar e nas finanças. Só evite bater de frente com quem pensa diferente de você. Noite tensa.

10 Empenhe-se em suas tarefas, mas também zele por seu bem-estar. O dia traz instabilidades e vai testar sua paciência. Mas os astros prometem uma noite de felicidade e realização a dois.

11 Imprevistos e atritos podem ocorrer. Mas Júpiter e Netuno reforçarão o otimismo e a criatividade. Saberá contornar situações de estresse. À noite, a Lua leonina animará o astral.

12 Tudo azul em seu horizonte! Os astros prometem mais sorte e facilidades nesta segunda-feira. Mudanças favorecidas, inclusive no visual. Conquistas no trabalho e na vida amorosa.

13 A Lua entra em Virgem e aponta um dia muito produtivo em seus compromissos, ainda mais no trabalho. Marte dará tendência à irritação, mas Vênus ajudará a equilibrar suas emoções.

14 Mercúrio começa a retrogradar em Escorpião: dobre a cautela com negociações, dívidas, interesses com cartório, taxas e impostos. Em compensação, as amizades e o amor receberão bons fluidos.

15 Dia de mudança da Lua, que entra em Libra às 02h54. Ela traz mais diplomacia, ponderação e equilíbrio, energia bem-vinda para abrandar a briga entre o Sol e Plutão: acalme-se!

16 Nem tudo pode fluir como espera. Em tensão com Júpiter, Saturno e Plutão, a Lua revela risco de inimizades, puxadas de tapete e tensões. Rival pode atrapalhar a conquista amorosa.

17 Manhã indicada para lidar com pesquisas e atividades que exigem concentração. Finanças em destaque, mas fique de olho nos gastos à tarde. Sensualidade à flor da pele na paixão.

18 A Lua sorri para os astros e aponta um domingo prazeroso com as pessoas queridas. Afetividade forte e sintonia familiar. Mas Vênus e Netuno pedem cautela com ilusões no amor.

19 Dia propício para ir atrás dos seus anseios. Pode realizar algo que sempre desejou. Viagem, concurso e coisas ligadas a estudos em alta.

Astral iluminado nos assuntos do coração.

20 Vai sobrar motivação pela manhã. Pique mais acelerado no trabalho. Pode se envolver com coisas diferentes e gostar disso. À tarde, há risco de aborrecimentos. Romance instável.

21 Cenário astral dos mais benéficos. Suas ambições vão receber um belo incentivo e seus interesses estarão protegidos. Possibilidade de melhorias na carreira. Lealdade com o par.

22 O Sol ingressa em Escorpião, intensificando as emoções, o lado audaz, esperto e corajoso. Tino aguçado para lidar com assuntos financeiros. Poder de sedução mais forte no amor.

23 Hoje a Lua entra em Aquário às 09h17, inspirando as ideias originais e o espírito de liberdade. Mas o humor vai oscilar e a rebeldia aumentará. Dia tenso e risco de confrontos.

24 Sábado animado e com um astral mais receptivo. Bons resultados no trabalho, ótimos contatos na vida social e surpresas agradáveis nas relações pessoais. Companheirismo a dois.

25 Manhã e tarde ideais para conversar com parentes e amigos, até os mais distantes. Pode descobrir algo importante. Determinação para resolver assuntos complexos. Harmonia no amor.

26 Ótimo dia para lidar com atividades que requerem imaginação e habilidades artísticas. Serviços financeiros e via internet em alta. Clima carinhoso com a família e com a pessoa amada.

27 Lua e Netuno vão elevar o lado compreensivo e generoso. Trabalhos sociais e assistenciais favorecidos. Vênus, que entra em Libra, incentivará o namoro firme e vai blindar a união.

28 Retrógrado, Mercúrio volta para Libra e pode atrapalhar interesses com contratos, documentos, compromissos e acordos. A Lua entra em Áries e atiça as reações: vá com mais calma!

29 Tudo vai ganhar um ritmo mais acelerado hoje. Lua e Marte dobram forças e elevam a vitalidade, mas também acentuam a impaciência. Faça uma coisa de cada vez. Paixão mais fogosa.

30 Não convém se arriscar nem polemizar. Um clima de animosidade prevalece e o lado agressivo pode vir à tona. No trabalho, busque consenso, não atrito. A noite será mais tranquila.

31 Outubro termina com altos e baixos. Terá ótimo faro para lidar com recursos materiais e resolver assuntos cotidianos. Mas evite teimar com quem não concorda. Astral estável no romance.

NOVEMBRO ★ ★ ★ ★ ★ ★ ★ ★ ★ ★

01 Os astros prometem excelentes energias ao longo do dia. Programas caseiros e reuniões familiares em destaque. Só convém reforçar a diplomacia com os mais velhos. Amor acolhedor.

02 A Lua entra em Gêmeos às 07h00, ativando as comunicações e as ideias criativas. Bom astral e simpatia nos contatos em geral. Versatilidade no trabalho. Paquera estimulada à noite.

03 Terça-feira favorável para comércio e novas atividades. No emprego, acordos, decisões e iniciativas devem trazer ótimos resultados. Já à noite, tenha cautela com falsas expectativas.

04 Estudos, conversas, parcerias e equipes vão fluir bem pela manhã. Só evite mudanças em rotinas na parte da tarde. Mercúrio retoma o curso normal e incentivará os relacionamentos.

05 Manhã positiva para tratar de interesses com dinheiro, imóvel, aluguel ou compras para casa. À tarde, assuntos familiares e amorosos terão altos e baixos. Noite mais harmoniosa.

06 Astral inspirado em trabalhos artísticos e manuais. Cooperação e compreensão com quem convive. Mas o clima muda após o almoço:

tensões podem surgir. Risco de conflitos e mágoas.

07 A Lua começa a brilhar em Leão e anuncia um sábado perfeito para fazer as coisas de que gosta. Encontros, passeios e divertimentos favorecidos. À noite, convém ir com mais calma.

08 Céu de brigadeiro neste domingo! Ótimas vibrações para atividades ao ar livre, cinema ou teatro. Alegrias ao lado das pessoas queridas. Conquista amorosa vai receber sinal verde.

09 Com a Lua em Virgem a partir das 10h30, a disciplina e o senso de responsabilidade aumentarão. Produtividade no trabalho. Mas a paixão e o sexo podem enfrentar contratempos hoje.

10 Sol e Netuno vão ativar o sexto sentido: ouça sua intuição e guie-se mais por suas impressões. Mercúrio ingressa em Escorpião, empoderando o lado perspicaz e o dom para negociar.

11 Manhã propícia para cuidar de tarefas rotineiras e que precisam ser concluídas. Saúde protegida. Às 13h10, a Lua entra em Libra, trazendo mais diplomacia, gentileza e equilíbrio.

12 Tudo deve fluir bem na manhã. Astral de cooperação nas relações pessoais e profissionais. Só controle a impulsividade e a pressa à tarde. Na união, valorize a harmonia.

13 Os astros apontam clima de confronto pela manhã: tenha mais jogo de cintura. A Lua entra em Escorpião às 13h19 e se aproxima de Mercúrio ao anoitecer: é hora de falar dos desejos.

14 Marte retoma o curso direto em Áries, aliviando o lado precipitado, reativo e agressivo. Bom dia para ampliar os ganhos, brilhar no serviço e envolver a pessoa amada. Sexo quente!

15 Sol e Lua formam ótimos aspectos com os astros e anunciam um domingo de alegrias. Momentos especiais em viagens, passeios e encontros. Mas Vênus pedirá atenção extra no romance.

16 Terá confiança, otimismo e disposição farta. Só evite desrespeitar limites e cometer excessos, sobretudo nos comes e bebes. Nos contatos e na paixão, convém dosar a franqueza.

17 Lua e Vênus estimulam mudanças e apontam novidades. O início da manhã será favorável para repaginar o visual, mas atenção aos gastos. Tarde e noite terão um astral mais discreto.

18 Com a Lua em Capricórnio, a perseverança e a organização ficam mais fortes. Dia de oportunidades e crescimento. Só não convém bater de frente com os outros à tarde: controle-se!

19 Os esforços empreendidos hoje prometem ótimos resultados. Momento oportuno para se dedicar às metas profissionais e financeiras. Tarde instável no amor, mas deve melhorar à noite.

20 A Lua brilha em Aquário e traz criatividade, mas briga com Urano e Mercúrio: segure gastos e evite atritos com quem pensa diferente de você. Noite animada com amigos e com o par.

21 Grandes novidades chegam do céu. O Sol entra em Sagitário e Vênus parte para Escorpião: é hora de ampliar seus horizontes e mudar o que deseja em sua vida. Emoções mais intensas.

22 Domingo agradável e tranquilo. A promessa é da Lua, que ingressa em Peixes, destaca a afetividade e deixa o clima mais carinhoso com as pessoas que estima. Astral sonhador a dois.

23 Dia de ideias férteis e contatos fluentes. Pode se dar bem em atividades que mexem com a imaginação. Sucesso junto ao público. Saberá identificar e atender expectativas alheias.

24 A Lua fica fora de curso até às 12h05: cuide da saúde e evite iniciar coisas diferentes. À tarde, tudo terá mais rapidez. Tino afiado para negociar e faturar. Paixão vibrante!

25 O único aspecto de hoje acontece à noite, mas a Lua ariana promete um dia movimentado. Disputas no trabalho. Esportes favorecidos. Investidas terão sucesso na conquista amorosa.

26 Quem brinca com fogo pode se queimar! Os astros estarão em pé de guerra e avisam que o dia será nervoso. Não convém fazer nem aceitar provocações. Atritos podem ser inevitáveis.

27 Terá habilidade para administrar as finanças e ampliar seus recursos. Assuntos materiais ficarão em evidência. Mas o sentimento de posse pode atrapalhar o amor.

28 Sábado harmonioso e indicado para cuidar dos interesses cotidianos. Horas de descanso serão reconfortantes: você vai ganhar tranquilidade e bem-estar. Clima sensual no romance.

29 Netuno volta ao movimento direto em Peixes, fortalecendo a espiritualidade e criatividade. À tarde, a Lua migra para Gêmeos e anima a vida social. Paquera favorecida.

30 O mês termina com um eclipse lunar, energia que pode mexer com as suas emoções. É hora de examinar a fundo o que sente e deseja para a sua vida. Liberte-se do que não te faz bem.

DEZEMBRO ★ ★ ★ ★ ★ ★ ★ ★ ★ ★

01 Mercúrio entra em Sagitário, elevando o lado curioso, o desejo de aprender, mudar e se aventurar. A Lua, que segue em Gêmeos, favorece os contatos e as conversas, inclusive no amor.

02 A Lua ingressa em Câncer, seu domicílio astral, realçando os laços de afeto nas relações familiares e pessoais. Tarde indicada para lucrar. Noite carinhosa com quem ama.

03 Assuntos ligados a finanças, casa, reforma e beleza em alta, mas Lua e Marte alertam: evite decisões precipitadas entre a manhã e o início da tarde. Astral possessivo na paixão.

04 A Lua entra em Leão, anunciando um dia animado e estimulante. Planos para viagens, passeios e atividades diferentes vão receber proteção dos astros. É hora de aproveitar a vida!

05 Novos ventos sopram a favor dos seus interesses. Contatos com pessoas distantes favorecidos. Já à noite, evite ir com muita sede ao pote. A vida amorosa pode reservar chateações.

06 Vênus e Netuno iluminam o domingo e prometem um dia agradável com quem você convive. Às 16h47, a Lua entra em Virgem e revela que não faltará boa vontade. Cuide do seu bem-estar.

07 Mudanças positivas nos assuntos materiais. Mas os contatos exigirão jogo de cintura, sobretudo no trabalho. À noite, excesso de crítica e franqueza pode azedar o amor.

08 Ótimas energias embalam esta terça-feira. Astral produtivo na vida profissional e saúde forte. Sua dedicação dará bons frutos. Prestígio com os chefes. Sorte e proteção no romance.

09 A Lua libriana estimula as parcerias e o lado sociável. Bom dia para ampliar suas amizades e começar namoro. Porém, Sol e Netuno pedem atenção com ilusões, gastos e extravagâncias.

10 Manhã positiva para acordos, estudos, viagens e decisões que envolvam mudanças. Já à tarde e à noite, pegue leve! Conciliações serão necessárias. Mas Vênus promete blindar o amor.

11 Sol e Marte enviam boas vibrações e fortalecem a coragem. É hora de sair da zona de conforto, tomar iniciativas e mostrar do que é capaz. Astral vibrante na paixão e no sexo.

12 Sábado propício para se aprofundar em assuntos e atividades que despertam seu interesse. Terá destaque e pode evoluir no trabalho. Clima quente e envolvente com a pessoa amada.

13 A Lua brilha em Sagitário e promete um dia animado com as pessoas queridas. Pode rever gente de longe. Mas convém reforçar a diplomacia com quem tiver opiniões contrárias às suas.

14 Um eclipse total do Sol acontecerá no início da tarde, aflorando o desejo de liberdade e renovação. Momento de desapegar e deixar para trás o que não tem mais sentido ou espaço em sua vida.

15 Os esforços que demonstrar na profissão podem trazer conquistas sólidas e duradouras. Vênus entra em Sagitário e aponta boas novas no amor. Terá surpresas nos assuntos do coração.

16 Aproveite a manhã para ir atrás de seus interesses. Terá soluções engenhosas e as coisas fluirão bem. A tarde será tensa: controle as suas reações. Noite mais tranquila.

17 Saturno ingressa em Aquário: é hora de aperfeiçoar e atualizar seus conhecimentos. Novos rumos profissionais podem surgir. Amigos com experiência e sabedoria podem dar bons conselhos.

18 A Lua circula leve e solta em Aquário, revelando o lado idealista, sociável e receptivo. Hoje as coisas vão andar e a criatividade ficará mais evidente. Noite especial na paquera.

19 Júpiter entra em Aquário e traz fertilidade para seus projetos. Ideias novas e inventivas podem surgir e facilitar sua vida. Sorte, simpatia e alegria nas amizades e no amor.

20 Enquanto a Lua pisciana intensifica as emoções, Mercúrio migra para Capricórnio, favorecendo a responsabilidade, persistência e concentração. Contatos profissionais em destaque.

21 Os eventos importantes prosseguem no céu: o Sol entra em Capricórnio às 07h02, abre o verão, traz mais foco e determinação. É hora de batalhar por suas ambições e provar o seu valor.

22 Com a Lua em Áries, seu jeito ficará mais ativo e seus interesses vão ganhar agilidade. Tarde indicada para mudanças no visual. Bom astral no amor e sintonia com o par.

23 Cautela com a impulsividade e precipitação. Lua e Marte unem forças, mas brigam com Plutão. Há risco de atritos no trabalho e nas relações pessoais. Vá com calma e evite embates.

24 A Lua muda para Touro, realçando o senso prático e a objetividade. Só modere a teimosia pela manhã. Tarde propícia para compras e providências para a ceia. Noite feliz em família.

25 Excelentes vibrações chegam dos astros e prometem um dia de paz. As celebrações do Natal vão transcorrer em um clima de carinho, harmonia e união. Noite especial na vida amorosa.

26 Compromissos profissionais favorecidos pela manhã. Sábado agradável com as pessoas do seu convívio. Às 20h33, a Lua ingressa em Gêmeos e vai animar os contatos sociais e paqueras.

27 Hoje os astros estão de folga, mas a Lua geminiana estimulará encontros, passeios e conversas. Aproveite o domingo para colocar os papos em dia. Comunicação poderosa no romance.

28 Fofocas, boatos e informações imprecisas podem atrapalhar a manhã. Mas Sol e Urano mandam bons fluidos, sobretudo para finanças, viagens e novas atividades. Paixão descontraída.

29 A Lua sorri para os astros e entra em Câncer, o signo que rege, garantindo um dia de ótimas energias. Assuntos domésticos e financeiros beneficiados. Noite de aconchego no amor.

30 Dia com aspectos dissonantes e a chegada da Lua Cheia. Astral nervoso e agitado, portanto, convém controlar os ânimos e agir com jogo de cintura. Evite confrontos.

31 Tensões marcam o último dia do ano, mas tudo irá melhorar. Quem garante é a Lua, que ingressa em Leão às 15h58, trazendo um clima de festa e alegria. O Réveillon promete!

COMBINAÇÕES 2020

Se depender do Sol, 2020 promete muita paixão, sedução, prazer e conquistas. Regente do ano, do signo de Leão e do paraíso astral, que é o setor mais favorável do Horóscopo, o astro-rei beneficiará especialmente os assuntos do coração. A paquera estará com tudo, a conquista será animada e muitos romances poderão começar, embora nem todos sejam duradouros.

Nas próximas páginas, você descobrirá quais serão as influências do Sol e de outros astros na vida amorosa de cada signo em 2020: veja como o seu relacionamento ficará, o que será preciso para fazer a relação decolar ou, caso esteja só, se encontrará a sua alma gêmea.

♈

Combinação de ÁRIES com:

• **Áries:** essa combinação receberá muitos estímulos em 2020. Entre abril e julho, há sinal de paixão e conquista. Já a união será alegre e prazerosa.

• **Touro:** a atração será poderosa entre os dois, mas a possessividade de Touro estará fortíssima. Tudo indica que viverão entre beijos, carícias e brigas.

• **Gêmeos:** há chance de se apaixonarem entre início de abril e agosto. A paquera deve virar conquista. O relacionamento entre Áries e Gêmeos será animado e feliz.

• **Câncer:** talvez se desentendam em 2020. Enquanto Câncer desejará romance sério, Áries poderá resistir à ideia. A relação exigirá bastante paciência.

• **Leão:** deverão viver um ano maravilhoso juntos. A atração acontecerá rapidamente e a conquista estará protegida pelos astros. Relação a dois prazerosa e animada.

• **Virgem:** no primeiro semestre, irão se atrair de forma irresistível. Porém cobranças e divergências poderão surgir. A convivência terá altos e baixos.

• **Libra:** essa combinação será um sucesso. Poderão se apaixonar e iniciar uma relação firme entre abril e julho. União mais harmoniosa no primeiro semestre.

• **Escorpião:** Áries encantará Escorpião e poderá ganhar o amor deste signo rapidinho. A paixão será envolvente, mas as diferenças crescerão a partir de julho.

• **Sagitário:** 2020 trará novidades positivas e muito entrosamento no romance. A paquera será repleta de estímulos. Chance de começar um compromisso sério no primeiro semestre.

• **Capricórnio:** há sinal de atração e sedução. Uma paixão poderosa entre Áries e Capricórnio deve surgir em 2020. A intimidade será o ponto alto do romance.

• **Aquário:** o ano será de alegrias. Vai rolar atração e a conquista estará estimulada, sobretudo de abril a julho. Na união, terão ótimas surpresas.

• **Peixes:** compartilharão muitos interesses, inclusive na área profissional. Mas há risco de tensões na relação amorosa. Precisarão ter jogo de cintura e tolerância.

Combinação de TOURO com:

- **Áries:** o carisma de Áries fascinará seu signo. Há chance de pintar paixão, mas se o ciúme taurino passar dos limites, poderão surgir problemas na relação.
- **Touro:** a atração será irresistível. Vocês têm tudo para iniciar um romance firme no primeiro semestre. Porém, a possessividade virá em dobro e será um desafio na relação.
- **Gêmeos:** a atração será grande e Touro tende a se apaixonar. Entretanto, o jeito inconstante de Gêmeos incomodará e desentendimentos podem surgir.
- **Câncer:** os dois desejarão um romance sério. Poderão viver uma bela história de amor. Porém, precisarão confiar mais nos laços que unem vocês no primeiro semestre.
- **Leão:** o jeito expansivo de Leão impressionará Touro. Mas o ciúme taurino dificilmente será tolerado por esse signo e atritos poderão marcar a relação em 2020.
- **Virgem:** essa parceria será harmoniosa e destinada a se tornar duradoura. Ano de alegrias e entrosamento. Há sinal de boas novidades na união.
- **Libra:** o charme e a simpatia de Libra encantarão Touro. A conquista não demorará muito para acontecer. Mas cobranças poderão esfriar o romance.
- **Escorpião:** comunicativo e sedutor, Escorpião ganhará o coração de Touro. Terão vitórias juntos. O ano promete ótima sintonia no relacionamento.
- **Sagitário:** sentirão uma forte atração e há grandes chances de se envolverem entre abril e julho. Porém, Touro precisará controlar o sentimento de posse para dar certo.
- **Capricórnio:** Sol e Júpiter destacarão o poder de sedução de Capricórnio e Touro poderá se apaixonar. A relação será intensa, emocionante e caminhará para a estabilidade.
- **Aquário:** os dois signos são bem diferentes, mas a atração pode se tornar irresistível a partir de abril. A paquera estará agitada, mas é provável que a união enfrente desafios.
- **Peixes:** o clima será de romantismo. Compromisso firme poderá acontecer, porém o apego tende a atrapalhar. Vida a dois pedirá diálogo e mais compreensão.

♊

Combinação de GÊMEOS com:

- **Áries:** o clima na conquista será de animação. A paixão ficará mais forte entre início de abril e agosto. Relacionamento alegre e intenso em 2020.
- **Touro:** o charme de Gêmeos estará com tudo, o que poderá fazer Touro cair de amores. Porém, brigas não estão descartadas. Ano de altos e baixos na vida a dois.
- **Gêmeos:** entre abril e julho, a atração tem tudo para ser arrebatadora. Declaração de amor logo irá render uma conquista. Não faltará sintonia na relação.
- **Câncer:** a combinação enfrentará instabilidades. Câncer estará possessivo e exigente, por isso fará cobranças. Porém, o clima deve ficar melhor ao longo do ano.
- **Leão:** Sol e Vênus vão estimular e beneficiar esse amor. Juntos, viverão momentos incríveis e memoráveis, principalmente no primeiro semestre.
- **Virgem:** Gêmeos atrairá Virgem como um ímã, mas há risco de surgirem desentendimentos. Diferenças e desconfianças vão rondar o relacionamento.
- **Libra:** essa combinação é ótima e vocês poderão viver um ano sensacional juntos. Seja na conquista ou na relação, só alegrias, sobretudo até junho.
- **Escorpião:** no primeiro semestre, a química será poderosa e há sinal de emoções intensas. O romance estará movimentado, porém, é possível que surjam brigas.
- **Sagitário:** há sinal de interesse e envolvimento já nos primeiros encontros. A paixão estará em alta e a paquera será animada. Na vida a dois, terão boas novidades.
- **Capricórnio:** vocês poderão se aproximar através de assuntos de trabalho. Entre início de abril e agosto, a paquera ficará quentíssima. No entanto, a união terá desafios.
- **Aquário:** um romance promissor tem tudo para começar em 2020. Gêmeos e Aquário se entendem bem e terão uma sintonia ainda mais poderosa. Ano feliz na vida a dois.
- **Peixes:** este signo esbanjará carinho e atenção, mas também fará várias cobranças, como Touro. Quanto mais cumplicidade houver entre vocês, melhor será o ano na união.

Combinação de CÂNCER com:

• **Áries:** a paquera terá desafios, pois enquanto Câncer desejará relação séria, Áries buscará aventuras na paixão. União enfrentará conflitos.
• **Touro:** os astros vão favorecer esse relacionamento em 2020. Poderão iniciar uma relação firme, porém há risco de surgirem atritos por causa de ciúme.
• **Gêmeos:** esse lance poderá decepcionar. Gêmeos atrairá Câncer naturalmente, mas despertará a possessividade canceriana. A união enfrentará altos e baixos.
• **Câncer:** há grandes chances de iniciarem uma relação feliz e duradoura. Se depender de Júpiter, deve rolar até casamento. Romance cheio de alegrias.
• **Leão:** será difícil resistir à sedução leonina, que estará poderosa. Câncer poderá se apaixonar, mas precisará controlar as cobranças para o romance durar.
• **Virgem:** este signo estará meio arredio, mas esbanjará charme. Se Câncer ganhar a confiança de Virgem, vão se surpreender. Na união, poderão ter um ano excelente.
• **Libra:** o magnetismo entre os dois será enorme. Porém, entre abril e julho, desafios vão marcar presença na conquista. A convivência do casal exigirá mais tolerância e tato.
• **Escorpião:** a pessoa escorpiana transbordará sedução e tem grandes chances de ganhar o coração canceriano. No primeiro semestre, a paquera estará mais estimulada. Vida a dois animada.
• **Sagitário:** o sagitariano atiçará os desejos de Câncer. Mas Sagitário estará ainda mais aventureiro e o ciúme canceriano também ficará aceso. Atritos à vista!
• **Capricórnio:** o jeito sensual e envolvente de Capricórnio poderá conquistar Câncer. O relacionamento deve se firmar e há possibilidade até de acontecer casamento.
• **Aquário:** no primeiro semestre, a paquera estará quentíssima. Talvez comecem um romance sério, contudo Câncer precisará controlar a possessividade.
• **Peixes:** a combinação será equilibrada e poderá se firmar de vez em 2020. Peixes desejará, inclusive, morar junto e deve propor uma união estável.

♌

Combinação de LEÃO com:

• **Áries:** 2020 será incrível para essa combinação. A atração será forte e a conquista acontecerá antes do que os dois imaginam. União tranquila e equilibrada.

• **Touro:** o poderoso jeito sedutor de Leão impressionará Touro. Entretanto, o ciúme taurino estará à flor da pele. Paixão recheada de beijos e desentendimentos.

• **Gêmeos:** Sol e Vênus estimularão essa parceria e o amor chegará em 2020 para ficar. Da paquera para o namoro será um pulo. Ano feliz também no romance.

• **Câncer:** Leão poderá fazer o coração de Câncer bater mais forte. Há chance de viverem um relacionamento intenso, mas as cobranças cancerianas incomodarão.

• **Leão:** alegres e cativantes, os dois podem se apaixonar. O envolvimento acontecerá de forma rápida e fácil. Na união, ano vibrante. Só precisarão ficar de olho no orgulho.

• **Virgem:** este signo estará ainda mais discreto, mas se sentir que é amor verdadeiro e tiver confiança, fará de tudo por você. Então, será só retribuir.

• **Libra:** Leão e Libra vão se entender muito bem e a paquera estará superestimulada em 2020. Uma amizade poderá se transformar em amor. Ano sensacional na união.

• **Escorpião:** os astros deixarão essa combinação pegando fogo. Uma paixão poderosa deve acontecer em 2020. Porém, há tendência de que surjam brigas e conflitos na relação.

• **Sagitário:** Leão e Sagitário formam uma combinação destinada ao sucesso. Viverão um ano incrível no amor. Não faltarão aventuras e animação.

• **Capricórnio:** forte atração deve surgir entre Leão e Capricórnio. A intimidade será, inclusive, o ponto alto da relação. Mas há sinal de divergências no convívio.

• **Aquário:** no primeiro semestre, o enorme charme e bom papo de Aquário fascinarão Leão. Estes signos têm tudo para iniciar um romance promissor. A união estará protegida.

• **Peixes:** a relação terá altos e baixos. Peixes fará sacrifícios por amor, contudo o seu jeito apegado pode sufocar Leão, que precisará ter paciência.

Combinação de VIRGEM com:

- **Áries:** este signo esbanjará magnetismo e a química entre Virgem e Áries será poderosa. Porém, os astros revelam que podem enfrentar alguns desentendimentos no convívio.
- **Touro:** os dois são muito parecidos e poderão iniciar um romance sério em 2020. Se já estiverem juntos, a relação estará equilibrada e protegida.
- **Gêmeos:** a atração será forte entre vocês. Sol e Vênus deixarão Gêmeos irresístivel, mas também inconstante. Relação recheada de emoções, mas com dificuldades.
- **Câncer:** ambos vão querer romance sério em 2020. Júpiter enviará poderosas energias para a relação de Virgem e Câncer. Poderão até pensar em casar.
- **Leão:** este signo estará sedutor e mexerá com os sentimentos de Virgem de forma intensa. Porém, o romance só irá decolar se não faltar confiança.
- **Virgem:** Júpiter, Saturno e Plutão aumentarão a afinidade e atração entre duas pessoas de Virgem. A conquista será incrível e o romance, prazeroso.
- **Libra:** as diferenças prejudicam essa combinação, mas Vênus sinaliza surpresas maravilhosas para os dois em 2020. Paquera e união estarão incentivadas entre início de abril e agosto.
- **Escorpião:** vão se dar bem tanto na amizade quanto no amor. A partir de abril, um clima de encantamento dominará. Na relação, a paixão será intensa.
- **Sagitário:** Virgem pode se apaixonar por Sagitário neste ano, mas o jeito aventureiro deste signo despertará insegurança. Discussões rondarão o convívio a dois.
- **Capricórnio:** se depender dos astros, Virgem vai sentir muita atração, sintonia e felicidade ao lado de Capricórnio. Poderão investir nessa relação sem medo.
- **Aquário:** além de ganhar Virgem com seu charme e bom papo, Aquário pode pensar em compromisso. Se Virgem superar seus receios, devem ter um ano feliz.
- **Peixes:** a admiração que já existe entre esses signos crescerá em 2020. A paixão poderá surgir e brilhar em encontros com amigos. Apoio e cooperação na relação.

♎

Combinação de LIBRA com:

• **Áries:** há chance de viverem uma história de amor poderosa em 2020. Poderá surgir paixão logo no primeiro semestre. O romance estará protegido e animado.

• **Touro:** o jeito charmoso e simpático de Libra conquistará Touro. Entretanto, o enorme ciúme taurino tende a causar problemas. O convívio pedirá paciência.

• **Gêmeos:** essa combinação é muito boa e contará com excelentes energias dos astros em 2020. Poderá acontecer conquista rapidinho. Vida a dois harmoniosa e feliz.

• **Câncer:** o interesse e desejo crescerão entre os dois, mas há sinal de instabilidades, principalmente entre abril e julho. O relacionamento exigirá jogo de cintura.

• **Leão:** o estilo sedutor e os encantos de Leão deixarão Libra de queixo caído. Uma amizade poderá se transformar em paixão. Ano de muitas alegrias na união.

• **Virgem:** Libra e Virgem não são afinados, mas ótimas surpresas devem marcar a conquista e o romance em 2020. O amor tem grandes chances de decolar.

• **Libra:** 2020 promete alegrias com o mesmo signo. Da paquera ao namoro será um pulinho, e os dois desejarão até morar juntos. Os astros protegerão o relacionamento.

• **Escorpião:** este signo estará ainda mais sedutor e envolvente, o que deve encantar Libra. A paixão será quente, mas a vida a dois terá brigas.

• **Sagitário:** essa combinação contará com surpresas, proteção e alegrias. A partir de abril, o romance deve ficar mais firme. 2020 será um bom ano para casar.

• **Capricórnio:** este signo estará mais sensual, o que despertará os desejos de Libra. Há sinal de paixão nos primeiros encontros. Porém, poderão surgir desavenças.

• **Aquário:** a sintonia será tanta que os dois se entenderão até pelo olhar. Em 2020, o relacionamento rapidamente se transformará em algo mais sério.

• **Peixes:** o jeito sociável e charmoso de Libra deixará Peixes fascinado e apaixonado. Entretanto, o apego pisciano será um grande desafio na vida a dois.

♏

Combinação de ESCORPIÃO com:

• **Áries:** no primeiro semestre, a atração será irresistível. Poderá acontecer uma declaração inesperada. O romance estará quente, porém atritos surgirão.

• **Touro:** na paquera, o jeito sensual e o bom papo de Escorpião deixarão o signo de Touro apaixonado. Ano de muitas alegrias e conquistas no relacionamento.

• **Gêmeos:** entre abril e julho, há sinal de muita química entre os dois. Boa chance de surgir uma paixão. A vida a dois será animada, porém, podem pintar brigas.

• **Câncer:** se Escorpião ganhar o interesse de Câncer, este signo vai querer casamento. A relação estará estimulada, mas também ciumenta. Período agitado a dois.

• **Leão:** o Sol deixará Leão muito sedutor em 2020. No primeiro semestre, paquera e namoro estarão em alta. Já a vida a dois será um misto de romance e atritos.

• **Virgem:** essa combinação será pura alegria em 2020. A paquera terá um clima de amor e amizade. A união estará envolvente e a intimidade ficará quente.

• **Libra:** este signo é o inferno astral de Escorpião, mas poderá ganhar o coração escorpiano em 2020. Apesar das instabilidades, a atração será forte.

• **Escorpião:** o magnetismo será marcante. De abril até julho, a conquista estará estimulada. Relação quente, mas o ciúme virá em dobro. Precisarão maneirar nas cobranças.

• **Sagitário:** embora sejam muito diferentes, o ano será excitante para os dois. Sagitário desejará relação firme, principalmente no primeiro semestre.

• **Capricórnio:** a combinação é boa e, em 2020, surgirão muita atração e química sexual. Porém, Escorpião precisará maneirar nas exigências entre abril e setembro.

• **Aquário:** este signo esbanjará charme no primeiro semestre, o que atrairá Escorpião. A união estará estimulada, mas Escorpião terá que segurar o ciúme.

• **Peixes:** os dois são perfeitos um para o outro, mas talvez enfrentem dificuldades em 2020. Se investirem no amor e tiverem paciência, a relação será um sucesso.

Combinação de SAGITÁRIO com:

- **Áries:** logo no primeiro encontro os dois vão se empolgar. A conquista estará favorecida e a relação ficará animada. O clima será de felicidade.
- **Touro:** se depender dos astros, deve rolar muita sedução em 2020. Há sinal de romance sério entre abril e julho. Porém, o ciúme de Touro será um problema.
- **Gêmeos:** no primeiro semestre, o charme de Gêmeos encantará o signo de Sagitário. Relação firme contará com boas energias. A união terá ótimas novidades.
- **Câncer:** o poder de atração de Sagitário sobre Câncer será forte. Mas o jeito livre sagitariano provocará o sentimento de posse canceriano. Amor e brigas a dois.
- **Leão:** este signo é tudo o que Sagitário sempre quis no amor. Juntos, poderão ter um ano sensacional. A relação contará com aventuras e alegrias.
- **Virgem:** é possível que este signo tenha medo de se envolver. Para conquistá-lo, Sagitário precisará passar mais segurança. Há risco de surgirem atritos na união.
- **Libra:** sociável e charmoso, este signo deve ganhar o coração sagitariano. Relação blindada a partir de abril. Há chance de acontecer até casamento.
- **Escorpião:** embora os dois sejam bem diferentes, o ano poderá surpreender e ficar intenso. Sagitário só precisará ter cuidado para não acender o ciúme escorpiano.
- **Sagitário:** vão se envolver rapidamente e há grandes chances de a relação ficar mais séria entre abril e julho. Em 2020, o romance estará protegido e alegre.
- **Capricórnio:** essa combinação é difícil, mas esquentará em 2020. Capricórnio estará bem mais sensual e um relacionamento cheio de química poderá começar.
- **Aquário:** Vênus deixará Aquário cativante no primeiro semestre, atiçando a vontade de Sagitário se amarrar. Poderão iniciar um romance promissor e feliz.
- **Peixes:** deve surgir uma forte atração, porém, os desafios não serão poucos. O apego e o ciúme de Peixes podem irritar Sagitário e atrapalhar a relação.

Combinação de CAPRICÓRNIO com:

• **Áries:** a atração física será poderosa em 2020 e poderá surgir uma paixão intensa. O clima a dois será quentíssimo, principalmente na intimidade.

• **Touro:** a sensualidade taurina poderá encantar Capricórnio. Sol e Júpiter vão estimular essa combinação. No relacionamento, o ano será estável e tranquilo.

• **Gêmeos:** a paquera estará animada entre abril e julho. Interesses de trabalho poderão aproximar os dois. Porém, há sinal de altos e baixos no romance.

• **Câncer:** neste ano, Capricórnio estará muito envolvente e poderá ganhar o amor de Câncer. Os astros sinalizam que o romance será sério e deve virar até casamento.

• **Leão:** essa combinação será quente, afinal, Leão estará irresistível e Capricórnio esbanjará sensualidade. A união ficará vibrante, mas podem surgir atritos no convívio.

• **Virgem:** este signo deve estar mais tímido, mas Capricórnio saberá envolvê-lo. Em 2020, a sintonia da combinação aumentará. Período marcante na vida a dois.

• **Libra:** o jeito sedutor e sensual de Capricórnio acenderá os desejos de Libra. Na paquera, a atração será poderosa. Já na relação, há risco de brigas.

• **Escorpião:** a combinação normalmente é boa e, em 2020, os dois vão se entender ainda melhor, sobretudo no sexo. Só controlem as cobranças entre abril e setembro.

• **Sagitário:** a relação é marcada por tensões, porém o clima ferverá entre Capricórnio e Sagitário em 2020. Um relacionamento cheio de desejo tem tudo para acontecer.

• **Capricórnio:** o romance estará apaixonante. Um acenderá o fogo e erotismo do outro. Entretanto, precisarão discutir a relação a partir de abril.

• **Aquário:** Sol e Vênus estimularão a atração. O ano será intenso entre Capricórnio e Aquário. Apesar das diferenças, há chance de engatarem um romance.

• **Peixes:** o poder de sedução de Capricórnio estará em alta e este signo deve ganhar o amor de Peixes. Capricórnio só precisará ter paciência com a carência pisciana.

Combinação de AQUÁRIO com:

• **Áries:** o Sol deixará Áries irresistível, já Vênus realçará o charme de Aquário. Ou seja, a conquista será apenas questão de tempo. Ano muito feliz na relação.

• **Touro:** Aquário impressionará Touro e poderá conquista-lo, sobretudo depois de março. A paquera estará estimulada, mas há sinal de desafios na união.

• **Gêmeos:** essa combinação já costuma ser boa e, em 2020, receberá as bênçãos dos astros. Há grandes chances de emplacarem um romance no primeiro semestre.

• **Câncer:** um clima de sedução dominará o ano dos dois. Relação firme estará favorecida, porém a possessividade canceriana virá à tona e vai incomodar Aquário.

• **Leão:** os dois vão brilhar, seduzir e encantar, ou seja, a atração será recíproca e imediata. Há grandes chances de assumirem um compromisso sério em 2020.

• **Virgem:** o carisma e bom papo de Aquário vão seduzir Virgem, mas este signo precisará sentir segurança para se entregar. Aquário terá que ganhar a confiança dele.

• **Libra:** os dois dividirão vários interesses e poderão viver um ano especial juntos. A união terá futuro e preencherá os desejos aquarianos.

• **Escorpião:** a sensualidade de Escorpião fascinará Aquário. Por sua vez, o charme aquariano fisgará Escorpião. Mas o ciúme deste signo estará forte e poderá atrapalhar.

• **Sagitário:** este signo achará Aquário interessante e a atração será irresistível. Há sinal de romance sério em 2020. Até casamento poderá acontecer.

• **Capricórnio:** essa combinação é complicada, mas Sol e Vênus prometem bons estímulos e mais sedução entre os dois. Com amor e boa vontade, poderão se entender.

• **Aquário:** o clima será de pura sintonia e forte atração. Há chance de se apaixonarem logo no primeiro semestre. O astro-rei blindará a vida a dois.

• **Peixes:** o jeito generoso, compreensivo e charmoso de Peixes tem tudo para fazer Aquário se envolver. Mas as cobranças piscianas poderão causar brigas.

Combinação de PEIXES com:

• **Áries:** poderão se aproximar, principalmente no ambiente de trabalho e se interessar um pelo outro. Porém o romance pedirá paciência e compreensão em 2020.

• **Touro:** essa combinação estará estimulada e recheada de carinho. A relação poderá ficar séria, mas o jeito apegado dos dois deve ser um obstáculo à harmonia.

• **Gêmeos:** este signo esbanjará sedução e pode ganhar o amor pisciano. A conquista estará com tudo. Na relação, Peixes precisará maneirar as cobranças.

• **Câncer:** essa combinação já é muito boa e terá grandes chances de decolar de vez em 2020. Ambos vão querer romance firme. A vida a dois estará estável e feliz.

• **Leão:** se cair de amores por Leão, o par de Peixes fará tudo o que puder por sua paixão. Mas como a possessividade pisciana estará forte, precisará se controlar.

• **Virgem:** a paquera ficará quente e vocês poderão iniciar um romance sério. Amigos em comum devem aproximar os dois. No relacionamento, um apoiará o outro.

• **Libra:** o jeito charmoso e carismático de Libra conquistará Peixes. Na relação, o ciúme pisciano poderá pôr tudo a perder. Precisará se conter.

• **Escorpião:** os dois combinam demais e têm grandes possibilidades de viver um ano feliz, desde que ambos diminuam a possessividade e evitem brigas.

• **Sagitário:** a atração será forte e recíproca. Mas Sagitário é aventureiro, e isso acenderá o ciúme pisciano. Para ficarem em paz, Peixes precisará ter tato.

• **Capricórnio:** o jeito envolvente de Capricórnio deve ganhar o amor pisciano. Os dois desejarão compromisso em 2020. Peixes só precisa segurar seu lado carente.

• **Aquário:** este signo estará ainda mais charmoso e tudo indica que atrairá Peixes. Mas, para esse romance durar, o par pisciano terá que maneirar nas cobranças.

• **Peixes:** entre abril e julho, a conquista estará favorecida. O jeito carinhoso e prestativo dos dois estará poderoso. Só precisarão diminuir o ciúme.

OS SIGNIFICADOS DOS SONHOS MAIS COMUNS

Adultério: indica que a pessoa do sonho seria interessante como parceira amorosa. **Números:** 06, 23, 33, 42, 63, 96. **Bicho:** cachorro. **Cor:** vermelho.

Alimentos: sinaliza que o corpo e a alma precisam de novidades e fé. Oferecê-los a outra pessoa: ganhará uma recompensa. Se não estiverem com boa aparência: obstáculos em família. **Números:** 09, 45, 63, 64, 72, 90. **Bicho:** camelo. **Cor:** lilás.

Cobra: mostra que tem medo de algo. Levar uma mordida: um inimigo poderá acusar você de algo. Pegar: poderá enriquecer. Matar: vitória sobre pessoas que vinham atrapalhando seu sucesso. Seguir uma: respeite suas intuições. Ser seguido por uma: conquistará vitória tida como impossível. **Números:** 03, 17, 20, 21, 30, 36. **Bicho:** macaco. **Cor:** roxo.

Dormir: sonhar que está dormindo indica cansaço físico. **Números:** 05, 09, 11, 41, 50, 81. **Bicho:** burro. **Cor:** bege.

Gravidez: revela o desejo ou medo da gravidez. Também pode indicar lucros inesperados. **Números:** 02, 11, 20, 34, 37, 38. **Bicho:** tigre. **Cor:** marrom.

Morte: representa a necessidade de se livrar de problemas ou de alguma insatisfação. Pode significar que quer terminar algo. Estar morto no sonho: sinal de riqueza. Ver a própria morte: casamento próximo e saúde fortalecida. Morte de filhos: mostra que se preocupa com a saúde deles. **Números:** 08, 26, 35, 44, 77, 80. **Bicho:** cavalo. **Cor:** lilás.

Sangue: indica mudanças positivas em sua vida. Na boca: pode significar a perda de alguém querido. Nas mãos: inveja e atrito com pessoas próximas. **Números:** 04, 09, 22, 31, 40, 44. **Bicho:** elefante. **Cor:** pink.

Sexo: manter relação sexual com alguém que sua consciência desaprova: você tem fantasias e impulsos sexuais fortes. Com a pessoa amada: controle a imaginação. **Números:** 09, 27, 33, 45, 53, 81. **Bicho:** urso. **Cor:** azul.

HORÓSCOPO CHINÊS 2020

No dia 25 de janeiro de 2020, terá início o ano do Rato. Esse será um período para fazer acontecer, realizar projetos, concretizar ideais e agir com praticidade. O ciclo será marcado pelo empreendedorismo, pequenos negócios, investimentos, aplicações e aquisições. Sob as influências do Rato, as pessoas tendem a ficar mais inquietas e agitadas. Além disso, viagens rápidas e relacionamentos passageiros devem ocorrer com mais frequência. Também será um período de descobertas, mergulho em outras áreas do conhecimento, uso da inteligência e estratégia, abertura de novos caminhos e soluções práticas.

Nas próximas páginas, veja na tabela em qual ano e período você nasceu e, dessa forma, descubra o seu signo chinês. Logo em seguida, confira as previsões do Horóscopo Chinês para o seu signo correspondente.

ANO DE NASCIMENTO	VEJA EM QUAL PERÍODO VOCÊ NASCEU	SEU SIGNO CHINÊS
1955	24/01/1955 a 11/02/1956	Cabra
1956	12/02/1956 a 30/01/1957	Macaco
1957	31/01/1957 a 17/02/1958	Galo
1958	18/02/1958 a 07/02/1959	Cachorro
1959	08/02/1959 a 27/01/1960	Porco
1960	28/01/1960 a 14/02/1961	Rato
1961	15/02/1961 a 04/02/1962	Boi
1962	05/02/1962 a 24/01/1963	Tigre
1963	25/01/1963 a 12/02/1964	Coelho
1964	13/02/1964 a 01/02/1965	Dragão
1965	02/02/1965 a 20/01/1966	Serpente
1966	21/01/1966 a 08/02/1967	Cavalo
1967	09/02/1967 a 29/01/1968	Cabra
1968	30/01/1968 a 16/02/1969	Macaco
1969	17/02/1969 a 05/02/1970	Galo
1970	06/02/1970 a 26/01/1971	Cachorro
1971	27/01/1971 a 14/02/1972	Porco
1972	15/02/1972 a 02/02/1973	Rato
1973	03/02/1973 a 22/01/1974	Boi
1974	23/01/1974 a 10/02/1975	Tigre
1975	11/02/1975 a 30/01/1976	Coelho
1976	31/01/1976 a 17/02/1977	Dragão
1977	18/02/1977 a 06/02/1978	Serpente
1978	07/02/1978 a 27/01/1979	Cavalo
1979	28/01/1979 a 15/02/1980	Cabra
1980	16/02/1980 a 04/02/1981	Macaco
1981	05/02/1981 a 24/01/1982	Galo
1982	25/01/1982 a 12/02/1983	Cachorro
1983	13/02/1983 a 01/02/1984	Porco
1984	02/02/1984 a 19/02/1985	Rato
1985	20/02/1985 a 08/02/1986	Boi
1986	09/02/1986 a 28/01/1987	Tigre

1987	29/01/1987 a 16/02/1988	Coelho
1988	17/02/1988 a 05/02/1989	Dragão
1989	06/02/1989 a 26/01/1990	Serpente
1990	27/01/1990 a 14/02/1991	Cavalo
1991	15/02/1991 a 03/02/1992	Cabra
1992	04/02/1992 a 22/01/1993	Macaco
1993	23/01/1993 a 09/02/1994	Galo
1994	10/02/1994 a 30/01/1995	Cachorro
1995	31/01/1995 a 18/02/1996	Porco
1996	19/02/1996 a 06/02/1997	Rato
1997	07/02/1997 a 27/01/1998	Boi
1998	28/01/1998 a 15/02/1999	Tigre
1999	16/02/1999 a 04/02/2000	Coelho
2000	05/02/2000 a 23/01/2001	Dragão
2001	24/01/2001 a 11/02/2002	Serpente
2002	12/02/2002 a 31/01/2003	Cavalo
2003	01/02/2003 a 21/01/2004	Cabra
2004	22/01/2004 a 08/02/2005	Macaco
2005	09/02/2005 a 28/01/2006	Galo
2006	29/01/2006 a 17/02/2007	Cachorro
2007	18/02/2007 a 06/02/2008	Porco
2008	07/02/2008 a 25/01/2009	Rato
2009	26/01/2009 a 13/02/2010	Boi
2010	14/02/2010 a 02/02/2011	Tigre
2011	03/02/2011 a 22/01/2012	Coelho
2012	23/01/2012 a 09/02/2013	Dragão
2013	10/02/2013 a 30/01/2014	Serpente
2014	31/01/2014 a 18/02/2015	Cavalo
2015	19/02/2015 a 07/02/2016	Cabra
2016	08/02/2016 a 27/01/2017	Macaco
2017	28/01/2017 a 15/02/2018	Galo
2018	16/02/2018 a 04/02/2019	Cachorro
2019	05/02/2019 a 24/01/2020	Porco
2020	25/01/2020 a 11/02/2021	Rato

Previsões para o seu signo chinês

RATO

Amor: cuidado para não se perder em romances passageiros. A vida amorosa poderá ser muito gostosa se respeitar as necessidades e os sentimentos da outra pessoa. Barre intromissões de terceiros e a relação deve durar. Aproveite cada instante e participe da vida de quem ama.

DICAS DE SORTE PARA 2020	
Cores	vermelho e preto.
Números	01, 09, 13, 28, 49
Pedra	topázio imperial
Flor	jasmim
Dia e mês	quinta-feira/dezembro

Trabalho e dinheiro: atividades autônomas ou independentes beneficiadas. Será um bom período para guardar dinheiro extra. Oportunidades de emprego e bicos tendem a aparecer. Com organização e sem gastar à toa, as finanças ficarão tranquilas e nada deve faltar.

Família e amigos: a vida social estará agitada. O ano promete encontros animados e alegres, muitos convites para festas e até a retomada de relações distantes. Novas amizades e boas conversas serão enriquecedoras. No lar, o clima será de aconchego, carinho e compreensão.

BOI

Amor: o ano reserva muita agitação, momentos descontraídos, novas experiências, encontros e romances. Terá oportunidade de consolidar laços ou iniciar um relacionamento mais sério. Só tenha cautela com o seu lado teimoso para não cansar a pessoa amada e desgastar a relação. Deixe cada momento a dois agradável e carinhoso.

DICAS DE SORTE PARA 2020	
Cores	verde e preto
Números	05, 18, 26, 31, 40
Pedra	hematita
Flor	crisântemo
Dia e mês	segunda-feira/janeiro

Trabalho e dinheiro: cuidado para não se sobrecarregar com muitas tarefas ao mesmo tempo. Organização e disciplina facilitarão a vida profissional. Mesmo com altos e baixos, o orçamento deve se estabilizar. Poderá lucrar com investimentos antigos e recuperações financeiras.

Família e amigos: as amizades contarão com entrosamento e descontração. Mas evite se envolver em mal-entendidos e fofocas. No lar, será um ano em que você e seus parentes ficarão mais próximos.

TIGRE

Amor: seu magnetismo estará poderoso e você deverá viver relacionamentos incríveis. Mas poderá exagerar nas cobranças. Afaste a rotina e procure conhecer melhor o par. Evite também a impaciência e se impor de forma dura ou rude. Em 2020, tente levar a vida amorosa de maneira leve, apostando no carinho e na sinceridade.

DICAS DE SORTE PARA 2020	
Cores	verde e branco
Números	06, 16, 27, 30, 48
Pedra	ágata vermelha
Flor	azaleia
Dia e mês	terça-feira/fevereiro

Trabalho e dinheiro: procure ter tato ao tomar decisões profissionais. Seu espírito de liderança te levará a progredir na carreira. Nas finanças, altos e baixos, com boas entradas no primeiro semestre e pouca renda no segundo semestre. Precisará agir com sabedoria e prudência.

Família e amigos: conhecer pessoas ajudará a ampliar seus contatos e amizades. Mas atenção para não se desgastar com os problemas alheios. Será importante investir na convivência familiar e visitar parentes que estão longe.

COELHO

Amor: como visa a tranquilidade, você buscará reconciliações e levar a união com mais leveza. O ano será favorável para trocar presentes e carícias com o par, preservar o amor, valorizar a confiança e o compromisso. Com essa energia, conseguirá afastar as brigas ou discussões e manter seu equilíbrio emocional. Evite se relacionar com pessoas infantis ou imaturas.

DICAS DE SORTE PARA 2020	
Cores	amarelo e branco
Números	07, 14, 27, 36, 42
Pedra	ametista
Flor	amarílis
Dia e mês	sexta-feira/março

Trabalho e dinheiro: irá se dedicar ao trabalho, saberá tirar lições das dificuldades e terá oportunidades vantajosas. Há sinal de pequenos contratempos no meio do ano, mas, de forma geral, o período será equilibrado e com chances de lucros no segundo semestre.

Família e amigos: aguarde muita confraternização, companheirismo e apoio dos amigos mais próximos. Poderá receber convites para visitar outros cidades ou países. Você valorizará os laços de união e sentirá que os familiares estarão mais próximos.

DRAGÃO

Amor: você precisará controlar o que fala para não machucar a pessoa amada. Se estiver só, o ano beneficiará mais as relações passageiras do que um compromisso mais sério. Mesmo assim, terá que deixar o orgulho de lado para as coisas darem certo. Você se esforçará bastante para se envolver com alguém e curtir a paixão.

DICAS DE SORTE PARA 2020	
Cores	vermelho e branco
Números	02, 16, 22, 38, 45
Pedra	granada
Flor	rosa vermelha
Dia e mês	domingo/abril

Trabalho e dinheiro: oportunidades que acreditava perdidas surgirão novamente em 2020. Só tenha discrição e não comente resultados ou projetos com os outros para que tudo corra bem. Finanças positivas: conseguirá cobrir todas as despesas e ainda sobrará um dinheiro.

Família e amigos: esqueça as mágoas, dê o seu melhor e retome a boa convivência. O ano estimulará a cordialidade, afastará os atritos, e vai trazer momentos importantes com amigos. No ambiente familiar, reúna as pessoas queridas e aproveitem as horas juntos.

SERPENTE

Amor: situações desafiadoras e duvidosas poderão causar insegurança. Embora a paquera traga alegrias e satisfação, o ano será mais favorável à sexualidade do que à vida amorosa em si. Na relação, se agir de forma cuidadosa e reservada, o amor deve se fortalecer. Mas não espere muito reconhecimento e dedicação da pessoa amada.

DICAS DE SORTE PARA 2020	
Cores	verde e vermelho
Números	06, 17, 24, 35 e 50
Pedra	ônix
Flor	orquídea
Dia e mês	terça-feira/maio

Trabalho e dinheiro: reflita se faz o que gosta ou se está no seu emprego apenas pela necessidade. Poderão surgir novas oportunidades na profissão. Atitudes extremas podem trazer problemas nas finanças. Controle seu dinheiro. Não é hora para altos investimentos.

Família e amigos: será um ano para compartilhar sua vida com as pessoas que ama e matar as saudades. Aguarde fases de muitas alegrias e laços de amizade mais fortes. Na vida familiar, não deixe que questões do passado atrapalhem o entendimento dentro de casa.

CAVALO

Amor: para o romance durar, será preciso que cada um tenha o seu tempo e espaço. Ao longo do ano, o bom humor ajudará o relacionamento a caminhar de maneira positiva. Tenha cautela com relações paralelas ou desentendimentos causados por algum mal-entendido. Se estiver só, aguarde paixões intensas, mesmo que breves.

DICAS DE SORTE PARA 2020	
Cores	violeta e branco
Números	08, 18, 21, 33, 44
Pedra	citrino
Flor	violeta
Dia e mês	quarta-feira/junho

Trabalho e dinheiro: dificuldades surgirão, mas sua vida profissional crescerá. Para isso, cumprir prazos e metas será primordial. Melhore o currículo com cursos. Deverá colher os frutos dos seus esforços em 2020. Há chance de lucrar e resolver pendências financeiras.

Família e amigos: não deixe que nada estrague suas amizades. Ano favorável para reuniões e conversas, restauração de velhas amizades e reencontros com pessoas que somem. Com a família, esqueça as mágoas e dedique mais tempo para ficar ao lado daqueles que ama.

CABRA

Amor: a sinceridade deverá direcionar os seus relacionamentos em 2020. O romance precisará passar por uma análise e um balanço para que qualquer problema seja resolvido. Se estiver só, paqueras poderão surgir através de amigos. Também há chance de uma amizade virar amor. O ano favorecerá a conquista.

DICAS DE SORTE PARA 2020	
Cores	azul e branco
Números	00, 10, 27, 32, 40
Pedra	quartzo rosa
Flor	antúrio
Dia e mês	sexta-feira/julho

Trabalho e dinheiro: ano propício para ações e negócios ousados. Há sinal de novos empreendimentos, mudança de cargo ou emprego. Mas foque no que estiver ao seu alcance. Há chance de lucrar, mas a falta de disciplina pode levar a endividamentos ou prejuízos. Programe-se.

Família e amigos: agindo com carinho e respeitando a opinião dos demais, poderá enriquecer sua vida social. Ano de muitas atividades com amigos. No lar, não aja por interesse, evite brigas e não culpe seus parentes pelos seus erros. Invista em um bom convívio familiar.

MACACO

Amor: se estiver só, paqueras poderão aparecer em viagens ou festas, mas tudo indica que serão superficiais. Será um ótimo ano para o romance, que contará com muito bate-papo e festas. Só tenha cautela para não manipular o relacionamento. Procure levar em consideração sempre os sentimentos da pessoa amada.

DICAS DE SORTE PARA 2020	
Cores	roxo e preto
Números	01, 14, 29, 32, 43
Pedra	esmeralda
Flor	margarida
Dia e mês	quarta-feira/agosto

Trabalho e dinheiro: ano mais positivo para os pequenos negócios do que para empreendimentos maiores. Mas surgirão chances de crescer na profissão. Pequenos problemas financeiros poderão ocorrer no início e meio do ano, mas você deverá se recompor rapidamente.

Família e amigos: precisará estar presente, interagir e se dedicar às pessoas que ama. A vida social estará agitada ao longo do ano, mas procure construir relações duradouras. No convívio familiar, talvez seja necessário cuidar de alguém doente ou idoso.

GALO

Amor: embora encontros e paqueras estejam favorecidos, não há garantia de estabilidade na vida a dois. Se já tiver um amor, cuide da relação para que mal-entendidos não causem afastamentos ou crises.

DICAS DE SORTE PARA 2020	
Cores	amarelo e branco
Números	05, 18, 26, 37, 41
Pedra	jaspe
Flor	orquídea
Dia e mês	domingo/setembro

Boa fase para conhecer pessoas, sem se prender. Mas, se ama quem está ao seu lado, cuidado para não ferir os sentimentos do par.

Trabalho e dinheiro: será um bom ano para crescer e se destacar. Aprenderá mais em sua área e um novo talento poderá trazer boas perspectivas. Sua maior dificuldade será economizar ou guardar dinheiro. Mais chances de ganhos e lucros no segundo semestre.

Família e amigos: precisará aprender a ouvir e diminuir seu lado crítico ou incisivo com os mais próximos. Bom ano para fazer contatos ou amizades com pessoas de fora. Inclua todo mundo na vida familiar, inclusive aqueles com quem não se sente tão à vontade.

CÃO

Amor: há risco de desencontros e desilusões passageiras na vida amorosa. Mas poderá surgir uma paquera que terá chances de se tornar algo mais sério. Se desejar envolvimentos despretensiosos, terá oportunidades de conhecer pessoas diferentes. Agora, se já tiver um par, não se esqueça de que a troca amorosa é a base de tudo.

DICAS DE SORTE PARA 2020	
Cores	azul e preto
Números	03, 12, 20, 39, 45
Pedra	água-marinha
Flor	cravo
Dia e mês	segunda-feira/outubro

Trabalho e dinheiro: os negócios e a carreira serão agilizados. Você poderá assumir alguma liderança ou tomar a frente de um grupo. O ciclo indica ganhos moderados, com melhorias entre maio a agosto. Só evite gastar mais do que pode para não se arrepender.

Família e amigos: as alianças estarão fortalecidas e você se aproximará de amigos poderosos. Mas evite críticas e, sem se anular, dedique-se às necessidades dos seus amigos. Mantenha discrição e guarde segredos. Na vida familiar, evite conflitos desnecessários.

PORCO

Amor: será um período marcante na vida afetiva. Você se revelará um amante esforçado e incansável e poderá experimentar momentos muito gostosos a dois. Na paquera, o ano incentivará os namoros e ficadas. Seu poder de sedução estará em alta e atrairá pessoas diversas. Há possibilidade de iniciar um compromisso sério.

DICAS DE SORTE PARA 2020	
Cores	verde e azul
Números	01, 14, 27, 31, 43
Pedra	lápis-lazúli
Flor	begônia
Dia e mês	sexta-feira/novembro

Trabalho e dinheiro: chance desperdiçada, vaga de emprego desejada ou cargo não assumido poderá voltar para você. Atenção aos sinais para não ter arrependimentos. Se estiver de olho em promoção, aumento salarial, retorno financeiro ou uma compra, 2020 será o ano.

Família e amigos: situações instáveis poderão causar desentendimentos ou rupturas. Mas o ciclo também trará encontros alegres e maior entrosamento social. Em família, o ano será ideal para receber pessoas em casa e agradar a todos.

PATUÁ DOS SIGNOS NO ANO DO SOL

Para atrair as energias positivas do Sol, faça o patuá correspondente ao seu signo. O ideal é carregá-lo próximo a você, na sua bolsa ou carteira, por exemplo, durante todo o ano de 2020. Caso não seja possível, coloque seu patuá em um local onde passe muitas horas do dia, como no seu ambiente de trabalho ou perto da sua cama. Na virada para 2021, enterre seu talismã em um vaso florido.

Áries: escreva em um pedaço de papel os seus sonhos para 2020. No meio dele, coloque uma pedra pirita e nove pétalas de girassol. Dobre-o, formando um pacotinho, e deixe no meio de um quadrado de tecido amarelo de 12cm. Junte as pontas do tecido e feche com uma fita dourada.

Touro: em um pedaço de tecido rosa de 12cm, coloque um pingente dourado de sol e um papel em que esteja escrito um trecho do Salmo 37 (escolha o que mais gostar). Faça uma oração a São Sebastião, pedindo que 2020 lhe traga saúde e alegria em dobro. Feche com uma fita amarela.

Gêmeos: acenda um incenso de jasmim. Em seguida, em um pedaço de papel, escreva três palavras que sintetizem os seus desejos para 2020. Coloque as cinzas do incenso no meio do papel e dobre-o, fazendo um pacotinho. Embrulhe esse papel em um quadrado de tecido laranja de 12cm e feche com fita da mesma cor.

Câncer: em um pedaço de papel, faça um desenho do anjo Gabriel, enquanto mentaliza coisas boas para sua vida. Dobre o papel e pingue sobre ele três gotas de perfume de lavanda. Embrulhe-o em um quadrado de tecido branco de 12cm. Feche com uma fita dourada.

Leão: deixe uma figa dourada ao relento por 24 horas. Após esse período, segure-a nas mãos e pense em algo que espera realizar em

2020. Em um quadrado de tecido amarelo de 12cm, coloque a figa junto com três pétalas de gerânio e três folhas de laranjeira. Feche com uma fita azul-escuro.

Virgem: sobre um quadrado de tecido azul-marinho de 12cm, coloque um punhado de erva-doce e uma pedra cornalina. Recite três vezes o Salmo 47, pedindo proteção e fartura para 2020. Junte as pontas do tecido e amarre com uma fita laranja. Pingue sobre o patuá três gotas de óleo essencial de hortelã.

Libra: para ser feliz no amor em 2020, coloque seis sementes de mamão, quatro pétalas de violeta e as cinzas de um incenso de sândalo sobre um quadrado de tecido rosa de 12cm. Feche com uma fita dourada. Enquanto faz isso, repita baixinho o nome da pessoa amada.

Escorpião: em um papel, desenhe o que você deseja adquirir em 2020. Em cima dele, coloque um pingente pequeno de peixe e um cristal. Dobre o papel e embrulhe-o em um quadrado de tecido preto de 12cm. Agradeça a Sant´Ana como se já tivesse conseguido o que quer. Feche com uma fita amarela.

Sagitário: com uma caneta azul, desenhe um sol em um quadrado de tecido amarelo de 12cm. Sobre ele, coloque um pingente de coruja, uma pedra coral e três pedaços de folha de sálvia. Mentalize Iansã e diga a ela, com respeito e amor, qual o maior sonho que gostaria de realizar em 2020. Feche com uma fita amarela.

Capricórnio: para conseguir prosperidade em 2020, acenda três incensos: patchuli, arruda e alfazema. Coloque as cinzas deles sobre um quadrado de tecido verde-escuro de 12cm junto com oito pétalas de cravo e oito sementes de maçã. Leia com fé e esperança o Salmo 135. Feche com uma fita dourada.

Aquário: sobre um quadrado de tecido dourado de 12cm, coloque uma pedra sodalita, uma imagem pequena de pássaro e cinco moedas de qualquer valor. Sobre eles, pingue três gotas de óleo essencial de canela e peça aos anjos que 2020 seja um ano de vitórias no amor e trabalho. Feche com uma fita prateada.

Peixes: em um quadrado de tecido branco de 12cm, com caneta, faça uma silhueta de Nossa Senhora com o manto. Por cima, coloque duas pétalas de rosa, um pingente de cruz e três gotas de perfume com essência de frutas. Peça à Virgem boas energias em 2020 e reze três Ave-Marias. Feche com uma fita amarela.

NUMEROLOGIA DE 2020

Tudo no universo é feito de energia, inclusive os números. Assim, cada número possui uma energia específica, que, por sua vez, influencia aquilo que representa: a data de nascimento de cada pessoa ou de um evento especial, como, por exemplo, o dia do casamento; o número da residência em que vivemos; o dia, a hora ou o ano em que estamos, etc.

A ciência que estuda a vibração energética de cada número e interpreta como essa força interfere em nossas vidas é a Numerologia.

Já a previsão anual se baseia na energia primordial do ano. É um método utilizado para antecipar acontecimentos que poderão ocorrer em um ciclo de doze meses, a fim de que as pessoas possam usufruir dessa energia para realizar objetivos e evoluir.

Nas próximas páginas, saiba qual número comandará 2020, o método para descobrir o seu Ano Pessoal no período e, em seguida, as vibrações energéticas de cada número.

A ENERGIA DE 2020: ANO 4

2020 traz a energia do 4 $(2 + 0 + 2 + 0 = 4)$. Esse é o número do trabalho, das realizações concretas, da responsabilidade, seriedade e praticidade. Essa vibração impulsiona as pessoas a terem um objetivo específico para perseguir ao longo do ano e realizar de forma concreta seus sonhos e ideais. Assim, 2020 promete ser um ano de muito trabalho e dedicação para a construção de um futuro melhor. Autodisciplina, organização, ordem e praticidade serão características necessárias para alcançar o sucesso e a felicidade. O ano será propício para estabelecer novas prioridades e se esforçar ao máximo visando metas a logo prazo. Além disso, será um bom período para lidar com imóveis e propriedades.

COMO CALCULAR O SEU ANO PESSOAL PARA 2020

A energia do 4, que comandará 2020, será igual para todos ao longo do ano. Porém, independente desse número geral para todos, cada pessoa possui o seu Ano Pessoal para 2020. Para descobrir esse número, é necessário fazer a seguinte conta: somar o dia e o mês da data de nascimento da pessoa com o ano, que no caso é 2020, até chegar a um único algarismo de 1 a 9.

Por exemplo: vamos calcular o Ano Pessoal para 2020 de uma pessoa que nasceu em 18 de novembro (mês 11). Para isso, basta somar: $1 + 8 + 1 + 1 + 2 + 0 + 2 + 0 = 15 = 1 + 5 = 6$. Pronto, em 2020, essa pessoa receberá as vibrações enérgicas do número 6.

Para descobrir o seu Ano Pessoal para 2020, faça as contas com os seus dados e, em seguida, leia as previsões do número correspondente ao seu algarismo.

A energia de cada número

ANO PESSOAL 1

Será um ano para pensar mais em si próprio, onde está e para onde gostaria de ir. Reflita sobre o que é melhor para você e o que lhe traz felicidade, então continue caminhando nessa direção. Período perfeito, também, para se envolver com novos interesses, experiências e metas para a sua vida.

Tenha força, ousadia e garra, mas sem ser inconsequente. O período pede que desbrave as coisas, mas que permaneça com os pés firmes na realidade. Mude os rumos dos eventos, não espere as coisas acontecerem nem fique procrastinando - tenha em mente que a melhor hora será sempre agora, por isso faça agora o que for preciso.

Será o momento de plantar, ou seja, tudo aquilo que você iniciar ou recomeçar irá crescer, durar e trazer bons frutos para a sua vida. Dessa forma, não espere colher mais tarde o que não plantar agora. Esteja sempre em alerta para conseguir perceber novas oportunidades e bons caminhos a seguir.

Dicas:
• A cada dia, faça uma lista do que pretende realizar. Caso não termine tudo, deixe o que sobrar para o dia seguinte;

• A cada dia ou semana, procure fazer algo novo, diferente;

• A cada semana, faça uma pequena faxina em sua casa, nem que seja apenas a limpeza de um armário ou gaveta. Essa prática ajuda a mandar embora o que atrapalha o seu sucesso e prosperidade.

ANO PESSOAL 2

O ano exigirá bastante paciência, dedicação, flexibilidade e capacidade de adaptação. Para realizar os seus desejos, caso a paciência não seja uma de suas virtudes, será preciso que tenha mais calma e aprenda a esperar. Outra mudança necessária será reduzir o ritmo, fazer as suas coisas de forma mais devagar.

A vontade de ter mais afeto e paixão em sua vida ficará muito forte. Será uma fase de maior aceitação das suas emoções e dos sentimentos das outras pessoas por você. Ao longo do ano, a paz, cooperação e tolerância serão primordiais para que consiga avançar e crescer.

Procure fortalecer as suas amizades e os seus relacionamentos, sejam pessoais, profissionais ou amorosos. O ano pede um clima de harmonia acima de tudo, então, busque viver em paz e equilíbrio, evitando situações de conflito. Sem deixar de lado os seus interesses e objetivos, será um período em que precisará conceder para poder manter o que já tem.

Dicas:
• Quando estiver com alguma mágoa ou rancor, procure falar sobre

isso com um amigo ou amiga de confiança. Afinal, uma outra perspectiva sempre ajuda a clarear a mente;

• Não permita que outras pessoas coloquem você em maus lençóis. Saia de perto sempre que perceber que uma situação é ruim e poderá atrapalhar a sua vida. Faça disso a sua especialidade em 2020.

ANO PESSOAL 3

A energia do 3 mostra que o crescimento terá grande importância e o lema do ano será expandir, ampliar. Para conseguir avançar, não perca nenhuma oportunidade que surgir em seu caminho ao longo dos proóximos meses. Será preciso se mexer, agir, trabalhar. Então, abrace e invista a sua energia em todas as chances que você tiver.

Neste período, que deverá seguir de forma mais simples e despreocupada, será um bom momento para se concentrar no que você quer para a sua vida: quais são os seus desejos, os seus sonhos e as suas ambições. A vibração energética do ano libera a vontade de descobrir o que traz felicidade para você e, então, colocar todas essas descobertas em prática a seu favor. Quanto mais otimista você for, melhores serão as possibilidades de alcançar o sucesso em tudo.

O ano também será bastante favorável para qualquer expressão artística. Além disso, é muito provável que as ideias, os planos ou os projetos que iniciou já há algum tempo mostrem sinais de progresso.

Dicas:

• Ao longo do ano, tenha sempre um projeto em andamento. É melhor começar algo e, se for o caso, mudar de ideia ou alterar o plano do que não fazer nada;

• Aproveite ao máximo cada oportunidade que surgir;

• Se tiver um comentário negativo sobre alguém, não diga nada. As palavras são poderosas, então, use-as adequadamente.

ANO PESSOAL 4

2020 será um ano de construção e estabilização. Com isso, o período exigirá muito empenho, dedicação, esforço e trabalho árduo. As palavras de ordem serão organização e rigor.

O momento será propício para construir os alicerces do seu progresso. A energia do número 4 fornecerá as ferramentas necessárias para você criar as bases de um futuro melhor.

Tenha em mente que sua árvore será plantada agora e como ela será no futuro dependerá exclusivamente de como você trabalhar nela: se sua planta será frondosa e dará bons frutos ou se será frágil e estérea dependerá apenas do que fizer ao longo dos meses do ano. Por tudo isso, será importante que você trabalhe, dedique-se e se esforce. Afinal, quanto melhor for o plantio, melhor será a colheita.

Além disso, evite reclamar ou se irritar, pois essas atitudes gastam energia em vão. Financeiramente, o mais indicado é não fazer dívidas. Entretanto, 2020 será um bom período para os investimentos.

Dicas:

• Para agir com praticidade é necessário, primeiro, que cuide melhor de si mesmo;

• Ao chegar ao final do dia, escreva três coisas que lhe proporcionaram satisfação nesse período. Faça isso todos os dias;

• Trabalhe para alcançar benefícios duradouros. Aproveite para ensinar aos outros a agirem assim também, mas sem precisarem de você.

ANO PESSOAL 5

A energia do número 5 é a da mudança, da liberdade, da variedade, da escolha. Ou seja, você terá pela frente um ano que tem tudo para ser excitante e imprevisível.

Se esperava há muito tempo o momento ideal para fazer mudanças, saiba que essa hora finalmente chegou. E, ainda que não esteja nessa expectativa por transformações, elas chegarão do mesmo modo para você.

Embora o desejo de mudar esteja evidente, procure não tomar decisões precipitadas nem tente influenciar ou antecipar os acontecimentos. Tenha em mente que tudo acontecerá por si só e no seu devido tempo.

Outra dica do seu Ano Pessoal é tentar sair da rotina, abrir-se para novos relacionamentos e, inclusive, novas amizades. Viaje, mexa-se, aprenda, comunique-se sem medo e saiba agarrar as oportunidades que surgirem em sua vida.

Não rejeite as mudanças que o ano 5 lhe proporcionará. Afinal, sem elas, nós paramos no tempo, estagnamos. Por isso, enxergue longe, avance e aproveite esse período de aventuras, oportunidades e, principalmente, liberdade.

Dicas:
• Esforce-se para tentar compreender melhor a si mesmo e aos outros;
• Se você espalhar as suas energias, acabará se enfraquecendo. Lembre-se, então, de relaxar com frequência;
• Para evitar decepcionar ou constranger as pessoas, não negue nada logo de cara. Tenha o hábito de dizer "talvez".

ANO PESSOAL 6

O número 6 tende a proporcionar um período pacato, indicando que o seu ano será marcado por calma, tranquilidade e sossego. Porém, esse clima de paz poderá acabar rapidamente, pois outras pessoas trarão problemas para dentro de sua família.

Antes de fazer qualquer coisa, tenha em mente que a sua obrigação primordial é cuidar de si mesmo e fazer o que é certo para você. Por isso, evite assumir muitas responsabilidades e se intrometer nos assuntos de outras pessoas.

Além disso, será uma fase em que você precisará fazer escolhas e opções, correndo o risco de se deparar com situações que te deixarão dividido ou, até mesmo, indeciso.

Nos assuntos do coração, aproveite as boas energias do ano para consolidar a sua vida amorosa. Mas procure agir com bastante serenidade e ponderação.

Casamentos e parcerias são feitos ou refeitos sob a vibração energética do 6. Por sua vez, parentes e amigos, que há muito tempo andavam afastados ou perdidos, tendem a aparecer de repente.

Dicas:
• A cada semana, faça uma pequena limpeza em sua casa, nem que seja apenas em um armário ou gaveta. O atravancamento atrapalha o sucesso e a prosperidade;
• Participe de um grupo em que sua presença seja importante. Isso será bom para a sua vida;
• Preste socorro apenas quando a sua ajuda for solicitada.

ANO PESSOAL 7

A vibração energética do ano 7 carrega consigo uma tendência ao isolamento, ao estudo e ao autoconhecimento. Será o momento em que as pessoas farão questionamentos e reflexões mais profundas.

A tônica desse período será você com você mesmo. Então, dedique um tempo para entender o seu interior: faça perguntas a si mesmo e procure as respostas que estão dentro de você. Aproveite o ano para obter conhecimento, confiança e especialização. Será o momento ideal para se redescobrir.

Como você estará em contato consigo mesmo e, dessa maneira, não será possível fugir de si próprio, prepare-se para encarar tanto as coisas positivas quanto o lado negativo: seus sonhos, aspirações, dificuldades, conquistas e derrotas.

Será um momento indicado para criar metas e planos, que renderão frutos para serem usufruídos apenas no futuro, em 2021. Embora a sua vida avance de maneira mais lenta, é possível que coisas maravilhosas e importantes aconteçam para você no ciclo do Ano 7.

Dicas:

• Será um bom período para iniciar um curso;

• Procure anotar os seus sonhos, pois eles podem trazer dicas e avisos importantes;

• Busque entender a si mesmo com maior profundidade;

• Invista na meditação e tente passar um tempo a sós;

• Momento oportuno para questionar a vida que leva e descobrir quais são as suas prioridades.

ANO PESSOAL 8

Esse período é popularmente conhecido como o ano do dinheiro. E pode comemorar, pois 2020 será realmente o ano da fartura para você. Afinal, aparecerão ótimas oportunidades na sua vida financeira. Prepare o seu bolso, pois as suas rendas se multiplicarão, mas fique com as antenas ligadas para não deixar escapar nenhuma oportunidade de faturar.

A energia do 8 enfatiza a abundância e a prosperidade nos assuntos materiais. Geralmente, essa vibração está relacionada à carreira, finanças e posição social. Então, para ter sucesso nessas áreas, procure agir com bastante sabedoria e aproveite a boa sorte que estará ao seu alcance.

Ao longo do ano, você sentirá um relativo aumento na sua capacidade de fazer as coisas acontecerem e, assim, conseguir com que tudo seja feito do jeito que deseja.

Entretanto, as conquistas desta fase serão apenas as marcas iniciais do seu progresso, vitórias que, a longo prazo, levarão você em direção à liberdade e felicidade.

Dicas:
• Crie planos, incluindo metas e estratégias, e reveja tudo regularmente ao longo do ano;
• Nunca faça comparações com outras pessoas. Você não precisa nem deve competir com ninguém. Além disso, pense sempre que o seu valor é incontestável e único;
• Com frequência, procure refletir e ter em mente que você está construindo um belo futuro passo a passo, tijolo por tijolo.

ANO PESSOAL 9

Será o momento de fazer uma grande faxina em sua vida, organizar e arrumar tudo. A energia do ano 9 indica o fechamento de todas as questões que, de algum modo, estão malresolvidas ou que têm se arrastado há muito tempo, porém, sem uma solução adequada.

Aproveite essa boa vibração do seu Ano Pessoal para eliminar tudo o que possa lhe trazer confusão e incerteza. Livre-se também de mágoas, ressentimentos e disputas com familiares ou antigos amores.

Tudo o que não estiver certo não poderá continuar nesse período. E o que estiver certo será apenas transformado e melhorado. Então, acabe com o que não for mais necessário em sua vida, sejam questões materiais, sentimentais ou relacionadas às suas crenças.

Em 2020, seu foco será deixar o caminho livre para poder usufruir ao máximo de um novo ciclo que irá começar em 2021, quando surgirão novas oportunidades, que deverão ser aproveitadas sem amarras, pendengas ou histórias malresolvidas.

Dicas:
• Busque livros de conscientização e escolha alguns com rigor. Procure manter sempre um em sua mesinha de cabeceira;
• Seja uma pessoa solidária, generosa, compreensiva e bondosa. Pense assim: "Quanto mais eu dou de mim, mais eu tenho";
• Reserve um tempo para ficar a sós e entrar em contato com a sua espiritualidade.

RITUAIS PARA 2020

Dificuldades, complicações e desafios aparecem em diversos momentos e áreas da vida. Seja para vencer os problemas, contar com proteção ou alcançar algo, uma boa saída é pedir uma ajuda mística. Conte, então, com esses rituais para que 2020 seja repleto de energias positivas.

PARA TER UM ANO FELIZ

Confeccione um saquinho de tecido dourado. Dentro dele, coloque três punhados de semente de girassol, um punhado de cravo da índia, ramos de alecrim e uma pedra do sol. Em seguida, feche o saquinho, mentalizando tudo o que poderá lhe trazer felicidade em 2020. Passe esse saquinho sobre a fumaça de uma vareta de incenso de verbena. Depois, procure uma árvore bonita e frondosa e pendure o saquinho em um dos galhos. Agradeça por tudo o que você deseja conquistar como se já tivesse acontecido.

CONQUISTAR UM NOVO AMOR

Em uma das primeiras noites de 2020, amarre um pedaço de fita cor-de-rosa de cetim em volta do seu pulso esquerdo, dando pequenos nós. Em cada nó, mentalize um pedido de amor. Use esta fita até que ela saia sozinha.

ATRAIR DINHEIRO

Faça uma mistura de pó de canela, noz-moscada e louro em pó. Coloque três punhados deste pó mágico em todos os cantos do seu lar e na entrada principal, mentalizando prosperidade, riqueza, dinheiro e prosperidade.

BANHO PARA A ABERTURA DE CAMINHOS

Em dois litros de água fervente, acrescente galhos de alecrim, três folhas de louro, pó de sândalo, um pouco do seu perfume preferido e um punhado de canela em pau. Deixe a infusão tampada por um tempo e, quando estiver em temperatura morna, coe. Em seguida, jogue o banho no seu corpo, do pescoço para baixo. Descarte as sobras do ritual na natureza, em um jardim ou vaso com plantas.

TARÔ 2020

O Imperador comandará 2020 e indica que o ano será de ordem e progresso. Essa é uma das cartas mais poderosas do Tarô, que traz a energia da autoridade, força, firmeza, excelência e proteção.

Depois de um 2019 conturbado, o cenário se modifica completamente e viveremos um período de luz. A objetividade, coragem e liderança entram em cena, e as chances de realizar pedidos e sonhos serão muito maiores.

Porém, junto a essa força, vem também a exigência e a valorização da responsabilidade. Seremos todos cobrados e empurrados para cima. O foco será a solução dos problemas, de forma rápida e precisa. Além disso, a qualificação será exigida em todos os campos. A imagem passada aos outros e a reputação também estarão em evidência. O conselho será usar sempre o bom senso e a sabedoria. Nas próximas páginas, você irá conferir a carta que comandará o seu signo em 2020 e os recados que ela traz para o seu ano.

ÁRIES
O Imperador

Regente do ano e de Áries, O Imperador evidencia o poder e a liderança. Recebendo essas vibrações poderosas, seu signo estará ainda mais forte, visionário e será respeitado por sua natural autoridade criativa em 2020. O conselho é que aproveite essa energia de maturidade que a carta traz para acalmar a criança que tem dentro de si. Procure levar a vida com mais seriedade e busque construir as bases de um futuro mais sólido e duradouro.

Na vida amorosa, acontecerá a concretização do amor romântico. A carta fortalecerá os laços afetivos e dará mais coragem para que os arianos formem vínculos mais fortes e pensem até em casamento em 2020. Caso já tenha compromisso sério, tudo indica que o ano será de muita felicidade, carinho, planos e conquistas com a pessoa amada. Quem estiver só esbanjará charme e deverá atrairá pretendentes interessantes. Poderá conhecer pessoas através de amigos. Há chance de encontrar sua alma gêmea.

Um forte dinamismo tomará conta da energia ariana, o que leva você a um estado pleno de satisfação sexual. Seu poder sexual estará mais acentuado e seu magnetismo, mais brilhante. Juntas, essas qualidades farão com que atraia o interesse e a admiração de várias pessoas, mesmo que já tenha compromisso.

Na carreira, seu signo será impulsionado pela energia da criação e ambição. Saberá mostrar autoridade e conquistas e, por esse motivo, buscará cargos melhores, salários maiores, mais lucros ou mais clientes. 2020 será um ótimo período para construir riquezas, patrimônio e até organizar uma poupança com o dinheiro excedente. Quem estiver em busca de um trabalho, poderá se surpreender, pois será recebido como um diferencial para a equipe.

TOURO
Os Enamorados

Os Enamorados simbolizam harmonia, realização, reconciliação e escolha. A carta indica que você terá muitas oportunidades em 2020, podendo escolher entre tantas opções. A dica é preservar sua integridade emocional e a força de toda a experiência que acumulou. Tenha coragem diante das pressões que surgirem e escolha aquilo que fizer seu coração bater forte. Você precisará se soltar e evoluir.

Touro se esforçará para resgatar paixões do passado ou possíveis amores que, por algum motivo, deixou de vivenciar anteriormente. Na vida a dois, seus sentimentos mais puros virão à tona e você estará passional, sem contar que o seu jeito teimoso, prático e realista ficará de lado. Caso esteja só, será o momento de olhar com outros olhos para potenciais pretendentes. Há chance de atrair alguém que não costuma fazer parte das suas preferências.

2020 será o ano de desvendar novos aspectos da sua sexualidade. Você descobrirá conflitos internos e malresolvidos, mas tudo indica que conseguirá inovar em suas relações íntimas. Até as uniões mais antigas deverão experimentar novas experiências na intimidade, e elas acontecerão por sua iniciativa. No entanto, também há risco de começar a trair e não parar mais.

Na vida profissional, o ano será marcado por muitas oportunidades. Mesmo já sendo uma pessoa bem-sucedida na carreira, poderão aparecer uma segunda proposta de trabalho, ganhos em outras áreas ou propostas de sociedade com novos parceiros. Se conseguir dar conta de tudo, trabalhará em dobro, mas o salário também virá duplicado. Caso esteja sem ocupação, talvez surjam duas ofertas de emprego que te deixarão dividido. Só não adie demais a sua escolha para não correr o risco de ficar sem nada.

GÊMEOS
O Carro

Essa carta é sinal de autoconfiança, direcionamento, oportunidades e controle das situações. Ou seja, em 2020, os geminianos saberão prosseguir com projetos importantes que ficaram pendentes, parados no tempo, sem conclusão. Porém O Carro avisa para não se apegar a tudo que chegar para você. O indicado será analisar todas as oportunidades e escolher as melhores chances de ter uma vida nova, seja no trabalho ou no amor.

Em 2020, poderá viver aventuras, romances, viagens e passeios apaixonantes. Se estiver só, será um período incrível no envolvimento afetivo, porém, há sinal de divisão dos sentimentos. Ao se relacionar com uma pessoa, talvez apareça outra para mexer com seus sentimentos, deixando você sem saber como agir. Se já tiver compromisso, será o momento de assumir o controle da relação e ser independente ou colocar um ponto final, caso a união seja tóxica, difícil ou abusiva.

Na vida íntima, 2020 pede para evitar os jogos duplos. Embora o seu poder de sedução esteja em alta, será bastante difícil aguentar dois relacionamentos ao mesmo tempo ou uma relação que não supere suas expectativas. Portanto, se não tiver compromisso sério, há grandes chances de trocar parceiros rapidinho. O ano será de libertação sexual e forte tendência ao desapego.

Na área profissional, a carta irá estimular suas competências. Graças ao seu jeito dedicado, seus dons, capacidades e aptidões, poderá ter muitas conquistas. Há promessa de mudança de cargo, realização de projeto ou promoção. E, caso precise se recolocar no mercado de trabalho, deverá surgir um emprego novo. Em 2020, você sentirá motivação e orgulho da sua trajetória. Abra sua mente e receba de braços abertos as novidades.

CÂNCER
O Eremita

Símbolo do desapego aos valores externos, a energia dessa carta aproximará seu signo do silêncio, intimidade, meditação, autoconhecimento e concentração espiritual em 2020. Câncer tem uma tendência ao conservadorismo, contudo, O Eremita aconselha a enxergar o envelhecimento de certos valores e ter mais coragem para mudar, sem se importar com o julgamento alheio.

Na vida a dois, desejará ter menos contato com a pessoa amada, buscando ficar mais tempo em silêncio. Porém, essa vontade de se isolar poderá atrapalhar, e é possível que o seu relacionamento chegue ao fim ou você queira reavaliar sua relação. Já os laços amorosos fortes e verdadeiros ganharão intimidade. Se estiver só em 2020, há tendência de se mostrar ainda mais exigente. Talvez idealize um amor perfeito ou sonhe em encontrar sua alma gêmea. A carta pede que tenha bom senso, ou deverá permanecer sem ninguém ao longo do ano.

Na intimidade, você não terá tantos pudores e desejará sair da rotina, explorar novidades, curtir experiências ousadas e originais. Também buscará mais qualidade do que quantidade. Para Câncer, as prioridades serão reavaliar sua história sexual, seu desempenho e a química com a pessoa com quem se relaciona. Diante de tudo isso, o ano reservará muitas mudanças na sua vida sexual.

Uma energia de acomodação deverá tomar contar da sua vida profissional, já que você tenderá a ficar mais no mundo dos sonhos do que na realidade. Nesse sentido, o risco é que sua carreira ande de maneira mais devagar ou fique parada. Para que isso não ocorra, será primordial que lute contra o comodismo e a inércia. Se estiver estudando, coloque em prática os seus conhecimentos. Caso busque trabalho em 2020, entre em contato com conhecidos e mexa-se.

LEÃO
O Sol

O Sol traz renascimento, ânimo, abundância e, sobretudo, alegria para o seu ano. Sob a poderosa energia do sucesso que essa carta emana, você poderá conseguir conquistas e, inclusive, respostas para as questões que vinham perseguindo a sua vida. Para alcançar vitórias, invista no seu equilíbrio interior, de modo que o orgulho e a vaidade não atrapalhem seu comportamento. Aproveite todas as oportunidades que tiver para crescer espiritualmente.

Aguarde novidades na vida amorosa. Logo no início do ano, você se sentirá com a energia renovada e não terá paciência com a rotina. Na vida a dois, esse pique será responsável por trazer mudanças radicais e positivas. A pessoa amada precisará acompanhar suas transformações, pois ritmos diferentes poderão levar a separações. Mas, se as novidades forem absorvidas, os laços deverão se fortalecer. Se estiver só em 2020, o ano promete mais sorte. Há chance, inclusive, de surgir um amor à primeira vista.

Na vida íntima, seu apetite estará maior e você buscará por química quente em seus encontros. Experiências mornas não irão te satisfazer. A energia da carta estimulará a liberação de hormônios, e até as pessoas que tiverem mais idade revelarão maior disposição no sexo. Um perigo constante no período será a infidelidade, já que você terá dificuldade de resistir às tentações que aparecerão com frequência.

2020 será um período muito positivo nos assuntos profissionais. Com você se arriscando mais, terá disputas e conquistas. A sorte estará do seu lado, seja no progresso da sua vida profissional e financeira, ao conseguir um emprego ou clientes. O momento também será perfeito para ampliar suas riquezas através de um golpe de sorte, pois terá várias oportunidades para aquisições materiais.

VIRGEM
A Papisa

A Papisa simboliza o poder da piedade, intuição, aceitação e fé. Em 2020, a carta ensinará os virginianos a se livrarem das amarras, a lidarem melhor com a possibilidade do erro e abandonarem o medo de sofrer. Será um excelente período para você explorar o seu interior e as suas experiências já vividas. Nesses momentos, separe tudo o que foi difícil e doloroso das coisas boas e de suas descobertas, então use esse repertório para mostrar sua sabedoria a todos.

Na vida amorosa, o ano será de moderação, ponderação e concessões. Se estiver em um relacionamento sério, você se comportará de maneira mais leve e bem menos exigente, e a pessoa amada notará essa transformação. Há sinal de gravidez ou parto natural em 2020. Agora, caso ainda não tenha compromisso firme, você deverá se guiar mais pelo seu sexto sentido: agindo assim, poderá criar menos expectativas, o que será importante para uma relação vingar. A química afetiva será sua aliada na busca de um amor.

Em 2020, a carta A Papisa incentivará a liberação de desejos e segredos na vida sexual. A fertilidade e a energia dos virginianos receberão estímulos. A vontade de mudar e fazer coisas diferentes na hora H estará em alta, o que aumentará suas chances de prazer. Deverá viver novas experiências e até aventuras na intimidade. Só tenha cautela para sua intimidade não ficar mais exposta.

Na vida profissional, seu desempenho será observado, fiscalizado e avaliado. Algumas coisas que você gostaria de manter em segredo poderão vir à tona, mas saberá lidar muito bem com esses acontecimentos, sem perder a confiança. Caso esteja sem trabalho, procure ousar mais e mostre suas fraquezas ou eventual inexperiência, pois sua sinceridade ajudará você a ganhar a simpatia de possíveis contratantes.

LIBRA
A Lua

A Lua representa a força do mistério, a revelação do que estava escondido e o despertar da criatividade, da sensibilidade e da premonição. Como comandará o seu signo em 2020, a carta indica que a intuição e o pressentimento serão ferramentas importantes que auxiliarão você a fazer escolhas ao longo do ano e viver novas experiências, sem medo de se arriscar. Por isso, aposte no seu sexto sentido e, assim, poderá descobrir uma enorme força interior.

Na vida a dois, o ano será de leveza e você focará em conforto e tranquilidade. Na segurança do seu lar, encontrará o equilíbrio na intimidade e um convívio mais profundo com o seu par, com direito a jantarzinho, luz de velas e filmes com pipoca. Se estiver só, deverá se interessar por uma pessoa mais madura, com estabilidade e tendência a ser conduzida na relação. Dessa forma, as chances de emplacar um relacionamento sério serão grandes.

Já na vida sexual, a tendência é que procure antigos casos e se envolva com alguém do seu passado, podendo retomar situações malresolvidas ou realizar fantasias que não conseguiu viver anteriormente. Sua intuição lhe mostrará quando tiver encontrado o melhor jeito de solucionar essas questões e poderá resolver tudo através do afeto. Mas tenha bom senso e não deixe que esses resgates atrapalhem sua vida.

Você esbanjará criatividade na carreira, o que será ótimo para aumentar a sua popularidade e, com isso, ganhar o reconhecimento de chefes, colegas, clientes e parceiros profissionais. Libra também sentirá muito ânimo e estará menos dependente de outras pessoas para desenvolver suas ideias, projetos e tarefas no trabalho. Se estiver em busca uma vaga no mercado profissional, a dica da carta é refazer seu currículo. Em 2020, não deixe de valorizar a sua imaginação.

ESCORPIÃO
O Mundo

A carta O Mundo estimula o sucesso e a realização de objetivos. Em 2020, as benéficas energias dessa carta estarão a seu favor para que possa concretizar seus planos e metas. Os escorpianos contarão com suas capacidades para alcançar vitórias muito desejadas ao longo do ano. Aproveite essa animação para subir na vida, procure se livrar de autocobranças e experimente a chegada de um novo tempo, cheio de glórias.

Você poderá mudar sua postura na vida amorosa. Como a carta lhe dará mais confiança, a tendência é que o ciúme natural do seu signo diminua consideravelmente. Porém, é possível que você instigue um clima de competitividade na relação. Controle o ego e a vaidade, já que o romance tem tudo para ser um sucesso e pode render até casamento ou união estável. Caso esteja só, muitos parceiros deverão surgir, alguns interessantes e compatíveis, outros estranhos e inadequados. A dica é não deixar a sedução dominar e ser realista ao fazer suas escolhas.

Na área sexual, os escorpianos se sentirão impulsionados a trazer o passado para o presente, inclusive casos que envolvam traumas, complexos e crenças limitantes. Porém, em 2020, você deverá superar os obstáculos facilmente e saberá criar um clima de fantasia, recheado de prazer. Sua performance na intimidade levará você a uma satisfação contínua e permanente.

2020 promete trazer reconhecimento para a sua carreira, em forma de elogios e referências, bem como de promoção financeira. Terá sorte ao iniciar uma trilha profissional e educacional em locais mais distantes. Caso esteja sem emprego, poderá surgir oportunidade de trabalho em outra cidade ou Estado, além de parcerias e atividades que incluam viagens ou mudança de endereço. O ano será favorável para quitar dívidas e honrar compromissos assumidos.

SAGITÁRIO
A Temperança

O ano será de flexibilidade, equilíbrio e renovação. Como a Temperança representa a sintonia entre o material, mental, emocional e espiritual, as energias dos sagitarianos serão transformadas ao longo de 2020. O conselho da carta é que você descubra a sua força interior, mas sem se esgotar fisicamente, e deixe a sua espiritualidade interagir com a sua criatividade. Não deixe de se inspirar nas novas ideias que deverão surgir.

A Temperança trará calmaria, amizade, reconciliações e equilíbrio romântico para sua vida afetiva. Você receberá tanta atenção e carinho quanto oferecerá à pessoa amada, o que proporcionará uma incrível sensação de plenitude na união. Caso esteja só, poderá despertar o interesse de vários pretendentes e atrair pessoas que normalmente não se interessariam pelo seu temperamento forte e agitado. Há grandes chances de iniciar uma relação tranquila, mas poderosa.

Em 2020, você desejará mais do que simples encontros sexuais. Envolvido por sentimentos, seu signo não se guiará apenas pelos instintos. Saberá dar voz à sua energia sexual, mas buscará também uma ligação mais profunda nos momentos íntimos. Um novo entendimento sobre o sexo surgirá e essa nova percepção mudará o modo como você viverá a sua sexualidade ao longo do ano.

A carta prevê estabilidade profissional e uma produtividade renovada. Você perceberá que é possível utilizar o seu enorme potencial energético para alcançar maior eficiência e rendimento no dia a dia. Também estará mais confiante e paciente com as pessoas, além de contar com um forte poder de liderança. Caso esteja em busca de oportunidades de trabalho, o conselho é entregar currículos em mãos e conversar com possíveis empregadores ou clientes. Confie no seu carisma.

CAPRICÓRNIO
O Julgamento

A carta O Julgamento indica o início de um novo ciclo, um recomeço. Será o momento de abandonar tudo o que segura sua evolução, seu crescimento. O ano indica redescoberta pessoal e maior entendimento do outro, com mudanças radicais nas bases mais sólidas da sua vida. Aproveite a força da carta e altere o que precisar para remover as barreiras que emperram sua vida.

Na área amorosa, a carta acelerará as decisões. Isso significa que você terá a iniciativa de se comprometer com o par, seja oficializando o compromisso ou abandonando as banalidades e falsas promessas. Esforce-se para controlar seu ego, pois, do contrário, o romance estará com os dias contados. Caso esteja só, poderá se apaixonar rapidamente por alguém que lhe causará uma sensação de plenitude. Agora, se achar que estiver perdendo tempo ou a pessoa ficar indecisa, o rompimento também será veloz.

Capricórnio costuma ser exigente na intimidade, mas, em 2020, sentirá impulsos de realizar primeiro as expectativas da pessoa amada. Você saberá se concentrar nos desejos do par, com a intenção de colher depois os frutos da satisfação oferecida. Ao longo do ano, a frieza capricorniana na sedução dará lugar a um jeito mais passional e com enorme potencial afetivo. Seu amor-próprio deverá se transformar em admiração por quem estiver ao seu lado.

2020 lhe trará ótimas surpresas, com entradas inesperadas de dinheiro, promoções profissionais, aumento de ganhos, contratações e efetivações. A balança penderá sempre para o seu lado, pois é chegada a hora de colher os frutos dos seus esforços. Se estiver sem trabalho, terá oportunidade de fechar um negócio em que vinha se dedicando. Também será um ano de sorte, inclusive em jogos e sorteios.

AQUÁRIO
O Diabo

A carta O Diabo simboliza ambição e instintos. Isso indica que a energia dessa carta empurrará você a realizar os seus desejos e projetos em 2020. Além disso, há sinal de fortes emoções e muito prazer gerado pelo poder. Aquário buscará o equilíbrio para manter tudo sob o seu comando. Procure descobrir a sua verdadeira essência e não se deixe levar pelas facilidades ou poder transitório. O ano lhe trará vitórias e conquistas, mas seu signo será testado.

Sob a regência da carta O Diabo, paixões ardentes, relações arrebatadoras e casos intensos deverão acontecer em 2020. Essa energia deverá animar os relacionamentos mornos, mas também poderá atrapalhar as uniões mais antigas. Como a sedução e tentação estarão em alta, talvez sinta insatisfação no amor. Caso esteja só, cautela para não confundir uma aventura passageira com um romance promissor. Um relacionamento ruim tenderá a se prolongar e impedir o surgimento de novidades na sua vida afetiva.

Em 2020, sua vida sexual ficará fortíssima: você terá facilidade para conquistar e seus desejos estarão acesos na hora H. Porém, poderá pensar somente no seu prazer e se mostrar egoísta na intimidade. Também há o risco de machucar os sentimentos de parceiros, que se sentirão seduzidos pelo seu charme. A carta pede que tenha maior atenção à proteção da sua saúde nos seus encontros sexuais.

Na área profissional, os aquarianos se destacarão. Você manterá o foco numa determinada área, mas sentirá que conseguirá produzir outras atividades. Dessa forma, o ano será marcado por um extenso raio de atuação profissional. Também mostrará muita ambição e vontade de melhorar as finanças. Se estiver sem trabalho, há chance de assumir um emprego com responsabilidades imediatas.

PEIXES
O Louco

A carta O Louco sinaliza vontade, entusiasmo e otimismo intensos, porém sem um rumo definido. Dessa forma, 2020 será marcado pelo imprevisível e você precisará se encontrar para evitar possíveis confusões. A carta também aconselha que os piscianos abandonem as fantasias, sejam mais realistas e entreguem-se ao momento presente. E avisa que a sua paz não virá do sossego e da autoproteção, mas, sim, da realização de novos ideais e projetos.

Na vida amorosa, a carta disseminará instabilidades e talvez você confunda amor e paixão, caso esteja só. Em 2020, sua missão será diferenciar esses dois sentimentos. Mas o ano será ideal para viver aventuras e se arriscar, sem medo de sofrer. Se já tiver compromisso firme, um clima de descontração contagiará você e a pessoa amada. Há chance de renovar os laços de afeto e resgatar aquele gostinho de novidade do início da relação. Porém, seu signo estará mais exigente e, se o par não corresponder ao seu afeto, a união poderá terminar.

Na intimidade, sua energia esteja poderosa. Entretanto, como correrá o risco de misturar os sentimentos, é possível que tente transformar um encontro sexual em uma relação duradoura. Em alguns casos, essa atitude dará certo; em outros, não. Portanto, tenha cautela para não se machucar por causa de falsas expectativas e procure ser mais realista.

Em 2020, há chance de receber propostas de trabalho e ter oportunidades em uma carreira diferente da sua atual. Os riscos que essas novidades envolvem deverão lhe causar incômodo e medo, mas O Louco aconselha que abrace essas chances com equilíbrio e maturidade. Se estiver em busca de emprego, ofertas inesperadas poderão surgir, inclusive com boa remuneração. A carta sugere que você tenha coragem e dedicação para enfrentar os desafios, pois tudo valerá a pena.

A LETRA INICIAL DO NOME

A letra que inicia o nome de uma pessoa traz informações sobre a sua personalidade, o seu modo de tomar decisões e a forma como leva a sua vida.

A **Equilíbrio e emoção:** é uma pessoa carinhosa com a sua família e os seus amigos. Sabe lidar com as dificuldades na vida profissional. Já na área amorosa, valoriza a harmonia a dois.

B **Sorte e cordialidade:** é pé-quente, mas se esforça para atingir seus ideais. É leal aos amigos. Prefere se aventurar no amor.

C **Intuição e superioridade:** é competente em tudo o que faz e abraça as causas sociais. Gosta de comandar o relacionamento.

D **Comunicação e apego familiar:** essa pessoa é extrovertida e popular, fazendo amizades com facilmente. A família é seu porto seguro. Só se entrega quando ama.

E **Organização e energia:** busca o que quer e adapta-se a qualquer situação. Sua sinceridade pode causar contratempos no amor.

F **Criatividade e otimismo:** seu jeito inovador rende elogios. Tem o dom de tomar decisões e encarar desafios. Na paixão, afasta a rotina.

G **Habilidade e coragem:** tem resistência física e vocação para os esportes. No trabalho e no amor, quer que tudo seja do seu jeito.

H **Sucesso e misticismo:** sua intuição é aguçada e acredita na sua capacidade. Êxito garantido nas finanças. Deseja um romance tranquilo.

I **Sensibilidade e autoconfiança:** é uma pessoa movida pela paixão. Possui jogo de cintura para fazer bons negócios e sabe lidar com qualquer situação, por mais diícil que seja.

J **Determinação e audácia:** quer ajudar e acha que tem solução para tudo. É cativante e expressa carinho pelas pessoas do convívio.

K **Agilidade e aventura:** adora os momentos de lazer. No trabalho, conta com a sorte. Suas experiências amorosas são intensas.

L **Beleza e lealdade:** é uma pessoa sensível e justa, mas se magoa quando alguém decepciona. Na conquista, a aparência conta pontos.

M **Produtividade e amizade:** é uma pessoa batalhadora. Preserva as suas amizades, mas costuma mudar de humor com facilidade. Na vida amorosa, entrega-se de corpo e alma.

N **Vitalidade e ordem:** age com bom senso e faz suas tarefas com alegria. É uma pessoa organizada. A confiança é a base da paixão.

O **Disposição e timidez:** tem energia para lutar pelo bem-estar dos outros e um senso de justiça apurado. Costuma se dar bem na conquista.

P **Talento e sabedoria:** sua inteligência é a grande aliada no trabalho. Não se assusta com mudanças. Leva o relacionamento a sério.

Q **Altruísmo e jeito sonhador:** essa pessoa se esforça bastante para realizar seus objetivos. Gosta de atuar nas questões sociais. Por outro lado, sente dificuldade em esquecer alguém.

R **Sedução e proteção:** planeja o futuro de olho no conforto material, seu e da família. Seu amor se sente seduzido diariamente.

S **Progresso e sorte:** pensa e age de maneira sensata. Tem bom gosto para as artes. Seu charme e sensualidade chamam a atenção.

T **Orgulho e sensibilidade:** é uma pessoa equilibrada. Como deseja crescer na profissão, não descansa até atingir os seus ideais. Sua vida afetiva costuma ser agitada.

U **Versatilidade e dignidade:** pessoa ética, séria e versátil. Tem um sexto sentido apurado. Só se entrega à paixão quando sente segurança.

V **Originalidade e obstinação:** possui dom para os negócios e finanças. Não dispensa ajuda. A desconfiança pode atrapalhar o romance.

W **Energia física e mental:** tem vigor para lutar pelos seus objetivos e sabe usar a criatividade para aumentar os ganhos. Só controle o orgulho.

X **Inteligência e nervosismo:** usa o raciocínio a serviço dos seus propósitos, principalmente para alcançar segurança na área financeira. Na paixão, irrita-se com facilidade.

Y **Responsabilidade e prudência:** se não estiver na hora de realizar seus projetos, reserva suas energias. No amor, prefere alguém sensível.

Z **Filantropia e desapego:** é uma pessoa que se dedica às causas sociais e não liga para o dinheiro ou bens materiais. Na vida a dois, sente-se à vontade quando tem os mesmos ideais do par.

RECADOS DOS ANJOS PARA 2020

O regente de 2020 será o Arcanjo Miguel, que significa aquele que é semelhante a Deus. O anjo também é conhecido como o príncipe do poder contra o mal, da coragem, da vitalidade e da energia. Sob as bênçãos de Miguel, as pessoas se sentirão mais competentes, eficientes e confiantes com relação às suas capacidades. Dessa forma, terão impulso para agir e controlar suas vidas. Os momentos de decisão contarão com clareza e lucidez, tornando o sucesso e a prosperidade inevitáveis ao longo do ano, que será cheio de muitas oportunidades.

PARA OS NASCIDOS ENTRE 21/3 E 20/4

Se estiver em um relacionamento sério ou casamento, o conselho dos céus é que você e a pessoa amada reacendam a chama da paixão. Afinal, com o passar do tempo, é normal o envolvimento afetivo ficar mais apagado se comparado ao início do romance. Agora, se você ainda não encontrou a sua alma gêmea, surgirá atração por alguém que incentivará o seu desenvolvimento pessoal.

Na vida profissional, preste atenção para mudanças de função. Além disso, procure evitar desentendimentos com chefes ou superiores. Caso esteja sem uma ocupação, a dica é preparar minuciosamente o seu currículo e participar de seleções em cidades vizinhas, mas próximas à sua.

PARA OS NASCIDOS ENTRE 21/4 E 20/5

2020 trará alguns obstáculos para a sua vida amorosa. Quem entrar no ano com um amor, deverá enfrentar um período de desafios no relacionamento. Os problemas serão tantos que há risco de acontecer, inclusive, uma separação. Se estiver só, tudo indica que irá se mostrar bastante exigente nessa área e, por conta disso, são grandes as chances de permanecer sem ninguém ao longo do ano.

Na carreira, o conselho do Arcanjo Miguel é que você elimine todos os seus medos e procure ser mais flexível. Agindo dessa forma, poderá aproveitar ao máximo as oportunidades que irão surgir em 2020. Se estiver em busca de uma vaga no mercado de trabalho, inscreva-se em cursos profissionalizantes e atualize seus conhecimentos em área em que atua.

PARA OS NASCIDOS ENTRE 21/05 E 20/06

A vida a dois receberá excelentes energias e a paixão, a cumplicidade e o companheirismo estarão em alta. Para os comprometidos, 2020 reservará muita felicidade ao lado da pessoa amada. Já os solteiros, embora tendam a ficar mais vaidosos, deverão permanecer sem compromisso sério ao longo dos meses. Porém estarão radiantes e viverão um ano muito feliz e animado.

O período de 2020 também trará ótimas vibrações para a sua vida profissional. Contudo o Arcanjo avisa que você precisará tomar uma decisão importante: se realmente quer ou não continuar no seu atual emprego. Quem estiver em busca de trabalho, poderá celebrar. Afinal, terá grandes oportunidades de conseguir uma ocupação.

PARA OS NASCIDOS ENTRE 21/06 E 21/07

Os assuntos do coração enfrentarão desafios em 2020. Se já estiver em um compromisso firme, você precisará se esforçar bastante para manter a paixão acesa com a pessoa amada. Além disso, terá que ter cuidado para não deixar que os problemas familiares ou pessoais interfiram no seu relacionamento. Caso esteja só, será bom prestar mais atenção à sua volta. Você descobrirá que o amor estará mais próximo do que imagina.

Em 2020, também surgirão grandes adversidades na vida profissional. Porém essas dificuldades ajudarão você a crescer e se desenvolver mais na sua área de atuação. Quem estiver sem um emprego terá enorme possibilidade de se ocupar por meio de um serviço informal.

PARA OS NASCIDOS ENTRE 22/07 E 22/08

O Arcanjo Miguel indica que os comprometidos viverão um relacionamento pleno e perfeito em 2020. Mesmo dentro do casamento, haverá mais espaço e liberdade individual. Caso não esteja em um compromisso, há possibilidade de se envolver em muitas aventuras ou casos de amor. Entretanto essas relações serão apenas diversão e não resultarão em romance sério.

Mesmo que já tenha um emprego, você deverá iniciar outra atividade em paralelo ao seu trabalho oficial. Fará isso para alavancar a sua carreira, o que lhe renderá muita satisfação e felicidade. Se estiver em busca de um novo emprego em 2020, tudo indica que irá aceitar alguma função que nunca tinha exercido anteriormente.

PARA OS NASCIDOS ENTRE 23/08 E 22/09

Se já tiver compromisso, seja uma relação mais séria ou casamento, o Arcanjo revela que você viverá um relacionamento bastante calmo e prazeroso em 2020. Porém, o ano reserva alguns momentos de glamour na vida a dois. Quem ainda não encontrou um amor poderá finalmente desencalhar. Há grandes chances de encontrar a pessoa que esperava e se envolver emocionalmente.

Na área profissional, você focará toda a sua energia para superar metas e ter sucesso. Essa atitude será muito oportuna, pois destacará ainda mais os seus talentos no trabalho. Agora, se estiver à procura de uma nova oportunidade de emprego, o conselho de Miguel é que preste mais atenção às vagas indicadas pelas pessoas próximas a você.

PARA OS NASCIDOS ENTRE 23/09 E 22/10

O Arcanjo Miguel pede que tenha bastante cuidado na sua vida conjugar em 2020, pois esse será um período de testes e desafios. Tanto você quanto a pessoa amada necessitarão investir mais tempo, empenho e paciência no dia a dia para que o relacionamento tenha futuro. Já para quem estiver só, o ano promete várias paqueras. Aproveite, pois você terá muitos pretendentes interessantes à sua volta.

É possível que surjam mudanças em sua carreira. Essas transformações exigirão que tenha mais confiança e ousadia no ambiente profissional. Agora, se estiver em busca de uma colocação no mercado, as perspectivas de ter sucesso serão melhores logo nos primeiros meses de 2020.

PARA OS NASCIDOS ENTRE 23/10 E 21/11

Há sinal de altos e baixos na área sentimental em 2020. Quem tiver compromisso sério poderá vivenciar conflitos na vida a dois. Contudo o casal conseguirá se reinventar ao longo do ano e melhorar a relação. Agora, se ainda não encontrou a sua alma gêmea, os céus avisam que um relacionamento novo e duradouro surgirá. O romance tem tudo para vingar e vocês poderão subir ao altar rapidinho.

Na carreira, você contará com muita segurança e otimismo em 2020. Com tanta energia positiva, o ano será excelente para realizar novos projetos e, inclusive, parcerias profissionais promissoras. Já quem estiver quem busca de um novo emprego, as coisas deverão dar certo, principalmente a partir do mês de abril.

PARA OS NASCIDOS ENTRE 22/11 E 21/12

O ano promete ser muito positivo no amor, seja para quem tem compromisso ou não. Quem já tiver encontrado a sua alma gêmea viverá momentos muito felizes em 2020. O romantismo marcará presença na união e a vida social do casal ficará bastante movimentada. Caso esteja só, o Arcanjo avisa que poderá encontrar um grande amor. Os melhores lugares serão em cafés ou em ambientes culturais.

A carreira ocupará a maior parte do seu tempo durante o ano inteiro. Além de surgirem desafios e obstáculos na vida profissional, a sua produtividade no emprego estará nas alturas. Agora, se estiver em busca de uma nova ocupação no mercado de trabalho em 2020, a dica é investir em parcerias profissionais.

PARA OS NASCIDOS ENTRE 22/12 E 20/01

O ano será bastante positivo para quem já tiver compromisso. Estando em uma relação séria ou casamento, você e a pessoa amada estarão sempre juntos, aproveitando as alegrias e felicidades da rotina conjugal. Quem ainda não encontrou sua alma gêmea, aguarde um ano recheado de namoro e casos amorosos. Contudo 2020 não indica relacionamentos mais sérios.

Na sua vida profissional, o ano lhe reserva algumas mudanças, crescimentos e bastante realização. A dica do Arcanjo Miguel é aproveitar ao máximo essa energia tão positiva na carreira. Já para quem estiver à procura de novas oportunidades de trabalho em 2020, as melhores chances de conseguir uma ocupação surgirão no mês de julho.

PARA OS NASCIDOS ENTRE 21/01 E 19/02

Se já tiver encontrado a sua alma gêmea, você sentirá a necessidade de fazer mudanças, reorganizando e reestruturando o relacionaemnto e a vida social do casal. Agora, se ainda não tiver encontrado um amor, deverá sentir bastante atração por pessoas mais maduras e que que tenham estabilidade profissional. Porém tudo indica que não acontecerá casamento em 2020.

Na carreira, cobranças em excesso ou superiores muito exigentes deixarão você com algumas dúvidas em relação ao seu futuro na sua profissão. Se estiver sem ocupação e em busca de uma nova vaga no mercado de trabalho, o Arcanjo Miguel indica que terá ótimas oportunidades de conseguir uma colocação no decorrer do ano.

PARA OS NASCIDOS ENTRE 20/02 E 20/03

Se estiver em um relacionamento sério em 2020, os céus avisam que o ano será de testes. Você e a pessoa amada terão a tendência de disputar o poder na relação. Entretanto, com bom senso e sabedoria, o casal poderá passar por esses momentos de conflito com bastante facilidade. Se você ainda não encontrou sua cara-metade, poderá acontecer um amor à primeira vista, e esse romance terá maior chance de dar certo.

Na carreira, todo o seu esforço e proatividade causarão grandes transformações. Tanta dedicação lhe trará muito sucesso e reconhecimento na sua profissão. Agora, caso ainda esteja em busca de um emprego, aproveite logo o início do ano, pois é quando surgirão ótimas ofertas para você.

PREVISÕES DAS RUNAS

As Runas são um dos Oráculos mais antigos do mundo. Elas nos ajudam a perceber as energias no presente e situações do passado, orientando, assim, o nosso futuro. Cada pedra tem um significado, uma mensagem relacionada às adversidades da vida, e mostra como podemos buscar mais harmonia e paz em nossa caminhada. Confira nas próximas páginas as previsões das Runas para todos os signos na vida amorosa e profissional em 2020.

ÁRIES

A Runa **Isa** anuncia que não deverá esperar muito no amor. Como a pedra significa gelo e atraso, tudo irá demorar para acontecer em 2020. Se estiver em uma relação, precisará ter paciência até que a paixão volte a esquentar. Isa também avisa sobre o perigo das ilusões e que será necessário desconfiar das paixões avassaladoras. Antes de iniciar um romance, avalie se o terreno é sólido.

Na vida profissional, a pedra **Uruz** assegura que não haverá medo. Em 2020, aproveite seus recursos e realize as mudanças necessárias. Também será importante se mostrar mais flexível, pois, assim, poderá enxergar saídas para os problemas que afetarem o ambiente de trabalho.

TOURO

No amor, **Eihwaz** aponta que sua meta será a busca pelo prazer. E, para alcançar isso, poderá cometer alguns absurdos. Porém, logo esse desejo desenfreado deixará de ser o mais importante e você começará a perceber que o prazer apenas pelo prazer não é bom. A Runa mostra que será fundamental ir além da estética: para que a relação seja duradoura, a pessoa amada precisará ter conteúdo.

A Runa **Berkana** sinaliza avanços na profissão. Trabalhos ligados à alimentação, crianças ou festas infantis serão lucrativos. Mas, independentemente da área em que atua, invista o máximo de energia, cuidado e esforço, pois quanto mais se dedicar, mais sua carreira crescerá. Ajude quem precisar e o universo retribuirá sua generosidade.

GÊMEOS

Em 2020, a Runa **Dagaz** indica que a sua vida amorosa será comandada mais pela emoção do que pela razão. Com isso, seus desejos poderão predominar e superar o bom senso. A transparência e moderação serão essenciais para que a relação corra bem. Contudo, a pedra avisa que, depois de tantos problemas e dificuldades, o setor afetivo ficará cheio de alegrias.

A Runa **Thurisaz** governa sua carreira em 2020 e afirma que você deverá usar sua energia e dedicação para atingir metas, seja uma promoção ou curso de capacitação. A pedra também mostra que um chefe notará o seu desempenho como algo enriquecedor e poderá exercer um papel importante e positivo em seu futuro profissional.

CÂNCER

No amor, a Runa **Nauthiz** avisa que uma situação desagradável deverá ocorrer em 2020 – talvez precise tomar uma decisão difícil a respeito da pessoa amada. Procure encarar essa ocasião da maneira mais controlada e serena possível, pois, assim, conseguirá resolver tudo mais rápido. Será a hora de fazer uma análise crítica e sensata, tomar decisões e fazer o que for preciso, mesmo que cause sofrimento.

Já a pedra **Feoh** revela que o rumo de sua vida profissional mudará de forma extraordinária em 2020. Você terá muitas ideias e encontrará soluções para antigos problemas. A Runa pede que acredite e tenha fé que logo irá crescer na carreira e melhorar suas finanças.

LEÃO

A Runa **Gebo** anuncia que precisará aprender a se relacionar de maneira harmoniosa e generosa com o par. Em 2020, há chance de conquistar um grande amor ou viver um caso ardente. Essa pessoa que entrará em sua vida será otimista, alguém para ouvir, pedir conselhos e conversar de forma agradável, até que você reconquiste a confiança em si próprio.

2020 será de trabalho e você precisará ter organização em sua rotina. O ano não será fácil, mas será essencial para que possa evoluir e desenvolver seus projetos. A pedra **Sowelu** diz para não perder nenhuma oportunidade, abraçar o que for necessário e seguir o fluxo. Talvez ocorram atrasos, porém os resultados serão duradouros.

VIRGEM

A Runa **Wunjo** comandará sua vida amorosa em 2020. Talvez seja a hora de aproveitar as oportunidades que surgirem e diminuir as cobranças e responsabilidades na união. É possível que experimente uma amizade colorida. Se conseguir levar essa relação de maneira divertida e, caso a paixão preencha o seu coração e o do par, poderá engatar um romance promissor.

Embora seja uma pessoa que não fica parada, a Runa **Algiz** ressalta que você não pode pular processos básicos, pois garantem o desenvolvimento do seu trabalho. Se quiser alcançar bons resultados, revise suas estratégias, invista em cursos para aprender novas funções e veja se os outros estão entendendo bem o que você diz.

LIBRA

A rotina poderá deixar o romance difícil e chato. A Runa **Othila** avisa que esse desgaste precisará ser superado, mas só com amor e vontade de ficar junto do par é que vocês conseguirão vencer essa crise. Se estiver em uma relação conturbada, não permaneça nessa situação apenas pela carência ou medo de ficar só. O conselho da pedra é só se comprometer e se doar caso realmente valha a pena.

A pedra **Hagalaz** avisa que você encontrará soluções para a carreira. Pesquise, avalie e prospecte possíveis resultados para conseguir as respostas de que precisa. A Runa afirma que contará com as boas energias do universo a seu favor – só precisará seguir em frente.

ESCORPIÃO

A Runa **Sowelu** indica um clima de romantismo em 2020. Você sentirá que é uma pessoa amada e valorizada exatamente como merece. Caso tenha compromisso, não tenha medo de expressar seus sentimentos, desejos e necessidades. Um projeto a dois fará muito bem ao romance. Também será interessante fazer atividades prazerosas com que ama, com dança ou um curso.

Em 2020, você precisará fazer parcerias no ambiente profissional se quiser que os seus projetos aconteçam e tenham sucesso. A Runa **Ansuz** avisa que os contatos com o pessoal do seu trabalho estarão bastante estimulados. Porém o conselho é ser humilde, e não servil. Use a comunicação, pois é a melhor e mais poderosa ferramenta.

SAGITÁRIO

Você valorizará ainda mais a sua liberdade e independência, mas isso causará desentendimentos com a pessoa amada. Para evitar o distanciamento ou até o término, a Runa **Branca** aconselha que programe atividades mais íntimas com o par. Esse maior envolvimento ajudará a restabelecer a confiança. Também é possível que sinta maior segurança para expor seus medos ou incertezas.

A Runa **Teiwaz** avisa que você deve utilizar sua criatividade e coragem para implementar novas ideias na carreira. Os desafios poderão parecer difíceis no início, mas lhe fornecerão habilidade e capacidade. Mesmo que perceba que há alguém querendo puxar seu tapete no trabalho, evite discussões. Tenha a calma e tudo sairá bem.

CAPRICÓRNIO

Para não se iludirem no amor, os capricornianos precisarão ser sinceros com seus sentimentos. A Runa **Laguz** também avisa que uma relação dominadora e manipuladora precisará mudar, pois só assim essa história terá um futuro. Só leve o relacionamento adiante se você e o seu par estiverem olhando na mesma direção, compartilhando os momentos bons e desejando as mesmas coisas.

Em 2020, conseguirá afastar o que tem lhe causado incômodo e poderá esclarecer uma situação confusa no trabalho. Não hesite em mostrar sua força e proteja-se dos colegas invejosos ou hostis. A Runa **Inguz** pede cuidado, pois as aparências podem enganar.

AQUÁRIO

A Runa **Kano** destaca que, quanto mais amor-próprio tiver, mais segurança sentirá para iniciar um relacionamento saudável. Se tiver compromisso, a pedra aconselha que converse com o par sobre possessividade e ciúme, já que não tolerará essas atitudes da pessoa amada. Como seus desejos sexuais estarão à flor da pele, deverá viver momentos deliciosos ao longo do ano.

Na vida profissional, terá alegrias. A Runa **Febo** aconselha que abrace a ideia de ter seu próprio negócio e avisa que o que for iniciado em 2020 deverá transcorrer satisfatoriamente, pois enfrentará o que vier com garra e fé. Caso não tenha nada novo em mente, valerá a pena trazer à tona o que deixou de lado ao longo do tempo.

PEIXES

A Runa **Mannaz** avisa que será primordial se dedicar mais ao romance, demonstrar seus sentimentos e cuidar de quem ama. Mostre seu romantismo, preste atenção a cada detalhe e valorize o que realmente importa. Não deixe a rotina atrapalhar. É possível que um amor do passado reapareça. Nesse momento, avalie se vale a pena investir novamente nessa relação.

Em 2020, deixe seus instintos indicarem qual o melhor caminho a seguir na carreira. A Runa **Jera** avisa que será um bom ano para acabar com hostilidades e investir em novas parcerias, contatos e clientes. Promova um clima de harmonia e reconciliação, pois, além de proporcionar alegria, essa atitude trará ótimos progressos.

ELEMENTOS DE SORTE PARA CADA SIGNO EM 2020

Confira nas próximas páginas quais serão as cores da sorte, amuletos, números e outros elementos para os signos em 2020. Então é só investir no poder de cada dica mística para abrir os caminhos, proteger-se e alcançar um desejo ao longo do ano.

ÁRIES

Cores da sorte	azul-royal (concentração) e branco (paz).
Amuleto	olho grego.
Incenso que chama a paz	baunilha.
Cor de vela ideal	laranja.
Pedra da felicidade	citrino.
Santo de 2020	Santo Antônio de Pádua.
Perfume para o amor	cítrico ou com notas marinhas.
Números para apostar	8, 12, 39 e 89.
Dia da semana e horários para rezar, apostar ou fazer rituais	terça-feira, às 06h30, 13h40 e 23h20h.

TOURO

Cores da sorte	laranja (otimismo) e branco (paz).
Amuleto	pingente de trevo-de-quatro-folhas.
Incenso que chama a paz	almíscar.
Cor de vela ideal	azul-escuro.
Pedra da felicidade	ônix.
Santo de 2020	São Brás.
Perfume para o amor	com notas de baunilha ou gardênia.
Números para apostar	13, 45, 67 e 98.
Dia da semana e horários para rezar, apostar ou fazer rituais	sexta-feira, às 07h00, 11h20 e 21h00.

GÊMEOS

Cores da sorte	marrom (concentração) e vermelho (garra).
Amuleto	mão de Fátima (Hamsá).
Incenso que chama a paz	canela.
Cor de vela ideal	rosa.
Pedra da felicidade	lápis-lazúli.
Santo de 2020	Nossa Senhora das Dores.
Perfume para o amor	com notas de bergamota ou laranja.
Números para apostar	2, 45, 54 e 88.
Dia da semana e horários para rezar, apostar ou fazer rituais	quarta-feira, às 08h20, 14h00, 17h05 e 21h00.

CÂNCER

Cores da sorte	coral (romantismo) e verde (cura).
Amuleto	ferradura.
Incenso que chama a paz	laranja.
Cor de vela ideal	rosa.
Pedra da felicidade	quartzo rosa.
Santo de 2020	São Francisco de Assis.
Perfume para o amor	com notas cítricas, lavanda ou especiarias.
Números para apostar	1, 17, 34 e 44.
Dia da semana e horários para rezar, apostar ou fazer rituais	segunda-feira, às 03h30, 07h00, 13h40 e 20h00.

LEÃO

Cores da sorte	amarelo (sucesso) e azul-claro (serenidade).
Amuleto	pomba (representa o Divino Espírito Santo).
Incenso que chama a paz	morango.
Cor de vela ideal	azul-marinho.
Pedra da felicidade	pirita.
Santo de 2020	Santa Luzia.
Perfume para o amor	com notas de lavanda ou patchuli.
Números para apostar	9, 12, 36 e 96.
Dia da semana e horários para rezar, apostar ou fazer rituais	domingo, às 08h30, 12h00, 14h00 e 18h20.

VIRGEM

Cores da sorte	azul-marinho (foco) e vermelho (poder).
Amuleto	moedas chinesas (três).
Incenso que chama a paz	lavanda.
Cor de vela ideal	verde-oliva.
Pedra da felicidade	ametista.
Santo de 2020	Santa Edwiges.
Perfume para o amor	com notas de bergamota ou lírio-do-vale.
Números para apostar	30, 35, 48 e 76.
Dia da semana e horários para rezar, apostar ou fazer rituais	quarta-feira, às 02h50, 05h40, 08h00 e 13h00.

LIBRA

Cores da sorte	branco (paz) e lilás (criatividade).
Amuleto	pingente de pimenta.
Incenso que chama a paz	rosa branca.
Cor de vela ideal	roxo.
Pedra da felicidade	quartzo amarelo.
Santo de 2020	São Bento.
Perfume para o amor	com notas de sândalo ou âmbar.
Números para apostar	6, 10, 42 e 66.
Dia da semana e horários para rezar, apostar ou fazer rituais	sexta-feira, às 09h00, 12h40, 17h00 e 22h20.

ESCORPIÃO

Cores da sorte	rosa (amor) e lilás (proteção).
Amuleto	um potinho de vidro com sal grosso.
Incenso que chama a paz	sândalo.
Cor de vela ideal	em tons de azul e rosa.
Pedra da felicidade	selenita.
Santo de 2020	Nossa Senhora de Lourdes.
Perfume para o amor	com notas de gengibre ou lavanda.
Números para apostar	12, 18, 75 e 99.
Dia da semana e horários para rezar, apostar ou fazer rituais	sábado às 13h40, 18h00, 19h10 e 23h55.

SAGITÁRIO

Cores da sorte	verde (cura) e marrom (concentração).
Amuleto	Bíblia.
Incenso que chama a paz	ilangue-ilangue.
Cor de vela ideal	branca.
Pedra da felicidade	cristal.
Santo de 2020	São Jorge.
Perfume para o amor	com notas de canela, jasmim ou maçã.
Números para apostar	13, 34, 77 e 92.
Dia da semana e horários para rezar, apostar ou fazer rituais	quinta-feira, à 01h40, 05h40, 19h00 e 22h00.

CAPRICÓRNIO

Cores da sorte	laranja (otimismo) e bege (moderação).
Amuleto	Maneki Neko (gatinho japonês).
Incenso que chama a paz	arruda.
Cor de vela ideal	marrom.
Pedra da felicidade	olho de tigre.
Santo de 2020	Santa Catarina.
Perfume para o amor	com notas de laranja ou grapefruit.
Números para apostar	14, 18, 35 e 99.
Dia da semana e horários para rezar, apostar e fazer rituais	sábado, às 08h00, 13h50, 14h00 e 18h00.

AQUÁRIO

Cores da sorte	lilás (espiritualidade) e amarelo (prosperidade).
Amuleto	miniatura de elefante.
Incenso que chama a paz	limão.
Cor de vela ideal	azul-claro.
Pedra da felicidade	amazonita.
Santo de 2020	São Benedito.
Perfume para o amor	com notas de vetiver, gengibre ou âmbar.
Números para apostar	8, 16, 29 e 45.
Dia da semana e horários para rezar, apostar ou fazer rituais	segunda-feira, às 10h00, 13h40, 20h20 e 21h001.

PEIXES

Cores da sorte	vermelho (garra) e verde (cura).
Amuleto	Buda.
Incenso que chama a paz	arruda.
Cor de vela ideal	branca.
Pedra da felicidade	água-marinha.
Perfume para o amor	com notas de baunilha, pimenta-branca ou rosa.
Números para apostar	3, 20, 34 e 55.
Dia da semana e horários para rezar, apostar ou fazer rituais	sexta-feira, às 10h00, 15h50, 17h00 e 22h00.

A CRIANÇA DE CADA SIGNO

Do mesmo modo que acontece com os adultos, a personalidade das crianças também é influenciada pelo seu signo solar. Veja como é o perfil de cada signo na fase infantil.

Áries: sua vontade de conhecer tudo e suas travessuras surpreendem. Com um gênio forte, é quem escolhe as brincadeiras e esforça-se para ganhar.

Touro: é uma criança afetuosa, mas ciumenta com suas coisas. Pode ser teimosa. É fácil se acomodar e preferir o conforto às atividades físicas.

Gêmeos: fala e pergunta sobre tudo, não para quieta e adora ficar com os irmãos, primos ou amigos. Mas quando precisa escolher algo, age sozinha.

Câncer: é sensível e exige atenção e carinho, mas sabe ser amorosa. Os pais precisam incentivá-la a ser menos tímida, não se isolar e se abrir mais.

Leão: é uma criança alegre e gosta de reinar desde pequena – quer ganhar a atenção de todos. Quando não consegue o que deseja, pode fazer birra.

Virgem: inteligente, costuma ir bem na escola e se dar bem com jogos que exigem concentração. É uma criança tímida e que gosta de brincar sozinha.

Libra: conquistar amizades e o carinho dos adultos é fácil para a criança libriana. Seu jeito calmo e o bom comportamento chamam a atenção.

Escorpião: é sensível, perspicaz e diz o que vem à cabeça. Mas, como tem uma personalidade forte, pode querer mandar e se meter em confusão.

Sagitário: precisa de espaço para brincar, adora passear e sempre solta um "por quê?". Logo dispensa a ajuda dos pais, pois quer se virar sozinha.

Capricórnio: é a criança mais comportada do Zodíaco, e dificilmente dá trabalho aos pais. Gosta de ir à escola e sempre guarda seus brinquedos.

Aquário: criativa e independente, essa criança brinca sozinha e surpreende com perguntas curiosas. Não discrimina ninguém e faz amizade com todos.

Peixes: vive no mundo da imaginação, inventando suas histórias e brincadeiras. Sensível e emotiva, a criança pisciana chora por qualquer motivo.

PREVISÕES DOS ORIXÁS

Os Orixás regentes de 2020 serão Iansã, a senhora dos ventos e tempestades, e Iemanjá, a grande mãe e rainha das águas. Iansã domina a lealdade e Iemanjá, o consenso, por isso, a confiabilidade das pessoas será bastante valorizada. As divindades também influenciarão a autoestima e avisam que a junção de disposição e ação poderá tornar o mundo melhor.
Como Iansã é audaciosa e Iemanjá é intensa, o ano promete momentos apaixonantes na vida amorosa.
Na área profissional, as parcerias e os setores ligados à indústria, comércio, administração, ensino e moda serão lucrativos. Porém será preciso cautela com promessas de dinheiro fácil.
O respeito norteará as relações pessoais e familiares em 2020. Será, também, um ótimo ano para esquecer mágoas e rancores, deixar o corpo em forma e equilibrar o espírito. Nas próximas páginas, confira as previsões dos Orixás para cada signo em 2020.

ÁRIES

No início de 2020, deverá ocorrer muita sedução, mas sem sinal de romance sério. Em março, Iansã incentivará você a se declarar para quem ama. Na vida a dois, o ciúme provocará brigas. Já o segundo semestre será marcado pelo amadurecimento: trocará aventuras por estabilidade, individualidade por cumplicidade. Será uma pessoa mais paciente e menos impulsiva. Na intimidade, sua excitação e entusiasmo poderão assustar. Se for egoísta no sexo, o clima esfriará rapidinho.

Na vida profissional, você terá muitos projetos, mas faltará planejamento para iniciá-los. Também poderão surgir propostas de parcerias, que deverão ser bem construídas para que deem certo. Prepare-se, pois poderá acontecer um grande e lucrativo desafio. Você precisará mudar o modo como lida com seu dinheiro e começar a se preocupar com o futuro. O ano indica altos e baixos no orçamento doméstico. Se gastar demais, talvez tenha que se desfazer de algo.

Iansã e Iemanjá aconselham a ser mais flexível e não tentar impor suas ideias. Evite conflitos desnecessários. Use azul-claro e essência de lavanda para melhorar sua comunicação.

TOURO

Se estiver só, a carência deixará você vulnerável e poderá se apaixonar rápido por uma pessoa boa de papo. Já na vida a dois, o primeiro semestre será de carinho e entrega. Porém, em agosto, um clima de altos e baixos poderá fazer com que pense em terminar. Além disso, a falta de diálogo deverá esfriar a união. O final do ano será de decisões, e a desconfiança causará separações. No sexo, será um amante incrível: esbanjará animação, não terá pudores e experimentará todas as formas de satisfação.

Em 2020, irá batalhar para alcançar seus objetivos profissionais. Cautela com chefe que tentará falar mal de você com outros superiores. Para se manter no mercado de trabalho, faça cursos de capacitação. Sua persistência atrairá oportunidades de emprego e há chance de trabalhar fora do estado natal. Já nas finanças, não enfrentará sufoco e saberá elencar prioridades. Contudo, gastos de um familiar poderão atrapalhar. É possível que vença um processo na Justiça.

As divindades de 2020 pedem que mantenha distância de quem é baixo-astral e escute sua intuição, pois seus instintos guiarão você a vitórias. Use a cor laranja e essência de verbena para superar a ansiedade.

GÊMEOS

No amor, iniciará 2020 sem desejar nada sério. Mas essa calmaria não durará muito, pois conhecerá uma pessoa que mexerá com você. Em abril, uma paixão do passado poderá ressurgir, mas as opiniões negativas de seus amigos pesarão contra. Em julho, deverá viver um grande amor e, se já estiver em um romance, há chance de morarem juntos. Em novembro, alguém tentará roubar seu par. O ano reserva muito sexo: seu jeito criativo e surpreendente conquistará muitos admiradores.

Na carreira, você precisará agir com firmeza para alcançar o sucesso. Fechará uma importante parceria envolvendo redes sociais. Porém, trabalhar em equipe será complicado. A pressão por resultados afetará a saúde, e será preciso revigorar mente e corpo. Entretanto, contará com a sorte e receberá gratificações extras. Também deverá ganhar dinheiro ao dar conselhos sobre finanças para os amigos. Há risco de ter problemas ao vender um bem material e prejuízo devido a um erro de outras pessoas.

A dica de Iansã e Iemanjá é que controle seu jeito instável e termine tudo o que começar. Para fortalecer a comunicação, use a cor castanho e essência de eucalipto.

CÂNCER

Se estiver só, a falta de um amor mexerá com sua autoestima. Invista no afeto para transformar uma relação casual em algo sério. Em maio, conhecerá uma pessoa especial, porém, a família não aprovará. Na vida a dois, há sinal de crise em outubro: a união cairá na rotina e a paixão virará amizade. Em 2020, o envolvimento emocional será importante para alcançar a plena satisfação no sexo. E, em certos momentos, você se preocupará mais em agradar o par do que a si mesmo.

Na área profissional, iniciará 2020 sem ânimo para alcançar as metas que traçou para o ano. Há chance de receber uma oferta de trabalho que mudará sua carreira. Embora tenha habilidade para superar os mais difíceis obstáculos, inclusive em sua equipe, você poderá viver momentos de tensão ao tentar impor suas opiniões de forma agressiva. Nas finanças, a família lhe ajudará a equilibrar as contas. Invista em sua versatilidade para encontrar novas maneiras de aumentar a renda.

Poderá perder boas oportunidades devido à sua insegurança. Por isso, ouse mais, esforce-se e batalhe para conseguir o que merece. Para afastar a inibição, use a cor grená e essência de lótus.

LEÃO

Na vida amorosa, a desconfiança estará mais forte do que nunca. Será um início de ano sufocante e o par precisará ter paciência. Mas, em março, uma surpresa familiar fará com que reflita e fique maleável. Há sinal de casamento ou gravidez em junho. No segundo semestre, o companheirismo aumentará e aproveitará cada momento a dois. Na intimidade, contará com energia e topará aventuras – quanto mais emoção, maior o prazer. Mas seu jeito controlador deverá causar problemas.

O ambiente de trabalho não será favorável ao seu crescimento. Embora seja difícil aguentar intrigas e disputas de egos, faltará coragem para mudar de carreira. Apesar disso, receberá elogios pelo seu desempenho e sairá na frente em situações que envolvam competição, participando dos lucros. O ano será bastante positivo nas finanças e conseguirá quitar dívidas sem pedir empréstimo a familiares. Porém, precisará se controlar diante das promoções para não gastar desnecessariamente.

Seu jeito autoritário afastará as pessoas. O conselho dos Orixás é que assuma uma postura mais flexível em 2020, pois, assim, tudo ficará a seu favor. Use a cor branca e essência de alfazema para ter serenidade.

VIRGEM

2020 será o ano do amor verdadeiro e intenso. Você e a pessoa amada estarão em sintonia e crescerão juntos. Em fevereiro, surgirão tentações e brigas. Em julho, reorganize-se e esqueça as preocupações. Final de ano marcado por altos e baixos. Se estiver só, exagerar na sinceridade afastará quem deseja. Embora seu signo seja discreto, se transformará no sexo e desejará aproveitar ao máximo. Você saberá conquistar e descobrir as vontades do par. Só cautela para não se enrolar com alguém casado.

Na carreira, você precisará estudar e se especializar mais para não ficar para trás. Não terá jogo de cintura para lidar com críticas a respeito do seu comportamento e postura. Entretanto, seu jeito perspicaz ajudará você a notar e impedir possíveis problemas. Lidar diretamente com as pessoas será um sucesso. Em 2020, terá dificuldade para organizar as finanças e precisará se conscientizar de que necessita de ajuda para controlar o impulso de gastar. Um hobby renderá um dinheiro extra.

Seu lado crítico estará fortíssimo ao longo do ano. Aproveite, então, para usar esse seu olhar detalhista a seu favor e seja feliz. Para levantar o astral, use a cor violeta e essência de maçã.

LIBRA

Você viverá um amor intenso, que poderá se transformar em casamento. Mais sensível, cobrará por carinho e atenção o tempo todo. Há risco de traição no primeiro trimestre. Se estiver só, precisará decidir se deve ou não firmar compromisso. Em novembro, a pessoa amada talvez queira que mude seu jeito de viver, o que deixará seu coração indeciso entre a total liberdade e a relação. Seu gosto por paquerar ajudará a aumentar sua lista de aventuras sexuais. Só cautela ao cobiçar alguém comprometido.

No trabalho, a rotina talvez atrapalhe sua produtividade. Poderá sentir maior irritação e vontade mudar radicalmente a carreira. Há chance de recomeçar. Com esforço, terá sucesso em concurso público. Graças ao apoio de seus amigos, colocará em prática um projeto que terá sucesso rapidamente. Em 2020, pendências deverão atrapalhar sua vida financeira. Uma disputa ou herança familiar lhe será favorável. Porém, tenha cautela com jogos de azar para não se viciar.

É possível que seu jeito disperso lhe cause problemas no dia a dia. Encare a realidade com equilíbrio para não perder boas oportunidades. A cor marrom e essência de pinho estimularão sua concentração e dedicação.

ESCORPIÃO

No amor, os escorpianos estarão ainda mais reservados e não desejarão se prender a ninguém. Será um ano de deliciosas experiências sexuais. Seu jeito misterioso atrairá muitas pessoas para sua cama, mas não entregará fácil seu coração. Viverá um rápido romance com colega de trabalho em abril. Já em setembro, seu jeito introspectivo dará lugar ao seu poder de sedução. Se estiver só, o medo de não ser correspondido fará seu signo ter dificuldade em demonstrar o que sente. Terá aventuras nos últimos meses.

Por se dedicar às responsabilidades, será um ano de valorização na profissão. Contudo, o reconhecimento financeiro não será o merecido. O excesso de trabalho poderá lhe causar problema circulatório. É possível que receba uma oferta de um antigo emprego. A criatividade será sua grande aliada nas negociações e você deverá ter bons lucros. Um negócio próprio talvez resulte em estabilidade financeira. Bom período para reavaliar investimentos.

A reflexão e ponderação serão essenciais para o sucesso dos seus planos. Controle a agressividade para não se desentender com quem possa ser útil. Para reduzir o estresse, use a cor bege e essência de jasmim.

SAGITÁRIO

A insegurança e falta de diálogo sincero poderão atrapalhar o relacionamento. Em março, o clima melhora e o medo da perda ou traição dará lugar à confiança e ao amadurecimento. Entre junho e setembro, há sinal de romance fora dos padrões. Se estiver só, valorizará o amor livre, sem controle e cobranças. O fim do ano será de curtição. Em 2020, viverá momentos íntimos quentes. Embora surjam tentações, sobretudo com colegas de trabalho, você permanecerá leal a quem lhe der satisfação.

Por afetar a estrutura familiar, uma proposta de emprego causará indecisão. Ótimo ano para fechar negócios lucrativos. É possível que alguém com quem tem uma antiga desavença espalhe mentiras sobre você. Se exercer posição de liderança, precisará ser detalhista para se destacar. Agora, caso trabalhe com um familiar, redobre a atenção. Com seu instinto poupador, poderá melhorar o padrão de vida. Para não correr riscos nas finanças, ouça os conselhos de pessoas experientes.

Para não comprometer sua liberdade, os Orixás pedem que controle a impulsividade e inconstância. Invista na sua determinação e autoestima. Use a cor cinza e essência de romã para ter estabilidade.

CAPRICÓRNIO

Passará por frustrações no amor, pois não sentirá que seu empenho será correspondido. Em janeiro, viverá um conflito ao se apaixonar por duas pessoas diferentes. Já em maio, alguém próximo fará uma declaração surpreendente. Em agosto, intrigas poderão acabar com a união. Deverá conhecer sua alma gêmea em festa de final de ano. No sexo, nem sempre conseguirá se entregar, o que será decepcionante. Alguém apressadinho esquentará sua cama e tanta ousadia fará você experimentar posições novas.

Se não quiser ficar para trás, precisará se abrir para as mudanças na carreira. Terá oportunidades de crescer em um novo emprego. Cuidado ao tentar ajudar um amigo, pois há risco de perder o emprego para essa pessoa. A emoção poderá atrapalhar na hora de tomar uma decisão. Em 2020, saberá fazer o seu dinheiro render. Porém, a quebra de um contrato poderá lhe trazer prejuízo se não for bem negociado. Será melhor não emprestar dinheiro a amigos, já que não retornará.

Poderá perder boas oportunidades devido ao seu jeito desconfiado. O conselho das divindades de 2020 é deixar a sua intuição fluir tranquilamente. Use a cor vermelha, e essência de madeira para vencer o pessimismo.

AQUÁRIO

O início de 2020 será agitado no amor. O ciúme será forte e ativará seu lado controlador. Já em junho, há sinal de surpresas e planos, inclusive casamento. Outubro será tranquilo, já que o seu foco estará na carreira, mas sua ausência deixará o clima tenso com o par. No fim do ano, intrigas familiares tirarão a paz da união. No sexo, não poupará esforços para manter a paixão acesa, investindo em maneiras de estimular o prazer. Se estiver só, demorará para conhecer alguém com a mesma disposição que você.

Um projeto não dará certo e causará prejuízo em 2020. Além disso, algumas metas mal planejadas poderão abalar as finanças e você sofrerá pressão externa para fazer um empréstimo. Se ouvir apenas a opinião dos outros, tomará decisões equivocadas. Você se destacará em um curso e terá a chance de trabalhar fora. Precisará se decidir entre uma promoção e a estabilidade do casamento. Como o seu lado sonhador ficará maior, há risco de embarcar em uma furada.

Iansã e Iemanjá avisam que deverá ter cautela com seu jeito imprevisível. Organizar suas metas e se concentrar nelas facilitarão a sua vida em 2020. Para ter mais persistência, use a cor azul-marinho e essência de narciso.

PEIXES

No início de 2020, mudanças de comportamento fortalecerão a vida a dois. Em março, a união será alvo de inveja. O clima melhora em julho: a cumplicidade crescerá. Se estiver só, irá se surpreender com o carinho recebido de alguém diferente. O fim do ano não será fácil e opiniões divergentes incomodarão. No sexo, você viverá em busca do prazer e poderá se desiludir ao se envolver com uma pessoa cheia de tabus. Mas o romance deixará você em êxtase: irá se soltar e ser quem realmente é.

Sua confiança estará maior na vida profissional, e isso estimulará você a criar as próprias oportunidades. Receberá o apoio financeiro da família para fazer o seu negócio crescer. Como a concorrência estará acirrada, fará cursos e buscará se aperfeiçoar. Atenção, pois alguém próximo talvez roube uma ideia sua. Você precisará ter menos cautela e agir com mais agressividade para dar uma guinada na sua renda. Terá sorte ao tomar decisões para resolver pendências com dinheiro.

Em 2020, os Orixás avisam que não valerá a pena se magoar à toa nem se importar tanto com palavras fúteis. Use a cor dourado e a essência aloés para aumentar a sua autoconfiança.

UMA PRÉVIA DE 2021

Um tempo de mais gentileza, esperança, paz e afetividade é a promessa de Vênus, que comandará 2021. O planeta do amor, da beleza e das artes favorecerá especialmente os assuntos do coração, embora também tenha relação estreita com os interesses financeiros e materiais, pois rege Touro, abrigo da Casa do Dinheiro no Zodíaco em repouso. Outro signo governado por Vênus é Libra, morada dos compromissos e romances estáveis.

Símbolo de criatividade, harmonia e equilíbrio, Vênus estimula os pequenos prazeres da vida, traz bom gosto e refinamento. O espírito de união falará mais alto, por isso, será um ano para vencer diferenças e conflitos. Quem semear cordialidade irá colher ótimas parcerias pessoais e profissionais.

AS ESTAÇÕES DE 2021		
Data	Hora	Estações do ano
20 de março de 2021	06h38	Equinócio de primavera no hemisfério norte Equinócio de outono no hemisfério sul
21 de junho de 2021	00h32	Solstício de verão no hemisfério norte Solstício de inverno no hemisfério sul
22 de setembro de 2021	16h21	Equinócio de outono no hemisfério norte Equinócio de primavera no hemisfério sul
21 de dezembro de 2021	12h59	Solstício de inverno no hemisfério norte Solstício de verão no hemisfério sul

ECLIPSES DO SOL EM 2021		
Data	Hora	Evento
10 de junho de 2021	07h43	Eclipse anular do Sol em Gêmeos
4 de dezembro de 2021	04h35	Eclipse total do Sol em Sagitário

ECLIPSES DA LUA EM 2021		
Data	Hora	Evento
26 de maio de 2021	08h20	Eclipse total da Lua em Sagitário
19 de novembro de 2021	06h05	Eclipse parcial da Lua em Touro

CALENDÁRIO 2021

JANEIRO

DOM	SEG	TER	QUA	QUI	SEX	SÁB
					1	2
3	4	5	6	7	8	9
10	11	12	13	14	15	16
17	18	19	20	21	22	23
24	25	26	27	28	29	30
31						

Ming. 6 06h37 — Nova 13 02h00 — Cres. 20 18h01 — Cheia 28 16h16

FEVEREIRO

DOM	SEG	TER	QUA	QUI	SEX	SÁB
	1	2	3	4	5	6
7	8	9	10	11	12	13
14	15	16	17	18	19	20
21	22	23	24	25	26	27
28						

Ming. 4 14h37 — Nova 11 16h05 — Cres. 19 15h47 — Cheia 27 05h17

MARÇO

DOM	SEG	TER	QUA	QUI	SEX	SÁB
	1	2	3	4	5	6
7	8	9	10	11	12	13
14	15	16	17	18	19	20
21	22	23	24	25	26	27
28	29	30	31			

Ming. 5 22h30 — Nova 13 07h21 — Cres. 21 11h40 — Cheia 28 15h48

ABRIL

DOM	SEG	TER	QUA	QUI	SEX	SÁB
				1	2	3
4	5	6	7	8	9	10
11	12	13	14	15	16	17
18	19	20	21	22	23	24
25	26	27	28	29	30	

Ming. 4 07h02 — Nova 11 23h30 — Cres. 20 03h58 — Cheia 27 00h31

MAIO

DOM	SEG	TER	QUA	QUI	SEX	SÁB
						1
2	3	4	5	6	7	8
9	10	11	12	13	14	15
16	17	18	19	20	21	22
23	24	25	26	27	28	29
30	31					

Ming. 3 16h50 — Nova 11 15h59 — Cres. 19 16h12 — Cheia 26 08h13

JUNHO

DOM	SEG	TER	QUA	QUI	SEX	SÁB
		1	2	3	4	5
6	7	8	9	10	11	12
13	14	15	16	17	18	19
20	21	22	23	24	25	26
27	28	29	30			

Ming. 2 04h24 — Nova 10 07h52 — Cres. 18 00h54 — Cheia 24 15h39

JULHO

DOM	SEG	TER	QUA	QUI	SEX	SÁB
				1	2	3
4	5	6	7	8	9	10
11	12	13	14	15	16	17
18	19	20	21	22	23	24
25	26	27	28	29	30	31

Ming. 1 18h10 — Nova 9 22h16 — Cres. 17 07h10 — Cheia 23 23h36 — Ming. 31 10h15

AGOSTO

DOM	SEG	TER	QUA	QUI	SEX	SÁB
1	2	3	4	5	6	7
8	9	10	11	12	13	14
15	16	17	18	19	20	21
22	23	24	25	26	27	28
29	30	31				

Nova 8 10h50 — Cres. 15 12h19 — Cheia 22 09h01 — Ming. 30 04h13

SETEMBRO

DOM	SEG	TER	QUA	QUI	SEX	SÁB
			1	2	3	4
5	6	7	8	9	10	11
12	13	14	15	16	17	18
19	20	21	22	23	24	25
26	27	28	29	30		

Nova 6 21h51 — Cres. 13 17h39 — Cheia 20 20h54 — Ming. 28 22h57

OUTUBRO

DOM	SEG	TER	QUA	QUI	SEX	SÁB
					1	2
3	4	5	6	7	8	9
10	11	12	13	14	15	16
17	18	19	20	21	22	23
24	25	26	27	28	29	30
31						

Nova 6 08h05 — Cres. 13 00h25 — Cheia 20 11h56 — Ming. 28 17h05

NOVEMBRO

DOM	SEG	TER	QUA	QUI	SEX	SÁB
	1	2	3	4	5	6
7	8	9	10	11	12	13
14	15	16	17	18	19	20
21	22	23	24	25	26	27
28	29	30				

Nova 4 18h14 — Cres. 11 09h45 — Cheia 19 05h57 — Ming. 27 09h27

DEZEMBRO

DOM	SEG	TER	QUA	QUI	SEX	SÁB
			1	2	3	4
5	6	7	8	9	10	11
12	13	14	15	16	17	18
19	20	21	22	23	24	25
26	27	28	29	30	31	

Nova 4 04h43 — Cres. 10 22h35 — Cheia 19 01h35 — Ming. 26 23h23

CONSULTORES

ANDRÉ MANTOVANNI, astrólogo
www.andremantovanni.com.br

FERNANDA VILLAS BÔAS, jornalista
fernanda.villasboas@astral.com.br

GIANCARLO KIND SCHMID, tarólogo, astrólogo, numerólogo e terapeuta
gianks@taroterapia.com.br

JACQUELINE CORDEIRO, astróloga e esotérica
www.esoterissima.com.br

JOÃO ROSA, tarólogo, vidente e sensitivo
www.joaorosa.com.br

MÁRCIA LEDUR, angelóloga
www.circulodosanjos.com.br

PAI PAULO DE OXALÁ, babalorixá
www.paulodeoxala.com.br

VITÓRIA FERNANDES, jornalista e astróloga
vitoriaastrologa@astral.com.br

Primeira edição (outubro/2019)
Papel de Capa Cartão 250g
Papel de Miolo Offset 70g
Tipografia Horley Old Style e Avenir
Gráfica GRAFILAR